THEODOR ADORNO

&

WALTER BENJAMIN

EM TORNO DE UMA AMIZADE ELETIVA

THEODOR ADORNO & WALTER BENJAMIN
EM TORNO DE UMA AMIZADE ELETIVA

LUCYANE DE MORAES

Apresentação
BRUNO PUCCI

Posfácio
MÁRIO VIEIRA DE CARVALHO

THEODOR ADORNO & WALTER BENJAMIN
EM TORNO DE UMA AMIZADE ELETIVA
© ALMEDINA, 2023

AUTORA: Lucyane De Moraes

DIRETOR DA ALMEDINA BRASIL: Rodrigo Mentz
EDITOR: Marco Pace
EDITOR DE DESENVOLVIMENTO: Rafael Lima
ASSISTENTES EDITORIAIS: Larissa Nogueira e Letícia Gabriella Batista
ESTAGIÁRIA DE PRODUÇÃO: Laura Roberti
REVISÃO: Gabriela Leite e Marco Rigobelli

DIAGRAMAÇÃO: Almedina
DESIGN DE CAPA: Roberta Bassanetto
IMAGEM DE CAPA: Walter Benjamin en 1928; Theodor Adorno

ISBN: 9786554270670
Maio, 2023

Dados Internacionais de Catalogação na Publicação (CIP)
(Câmara Brasileira do Livro, SP, Brasil)

Moraes, Lucyane De
Theodor Adorno & Walter Benjamin : em torno de uma amizade eletiva /
Lucyane De Moraes. – 1. ed. – São Paulo : Edições 70, 2023.

ISBN 978-65-5427-067-0

1. Correspondências 2. Filosofia alemã
3. Adorno, Theodor W., 1903-1969 4. Benjamin, Walter, 1892-1940 I. Título.

23-146820   CDD-193

Índices para catálogo sistemático:

1. Filosofia alemã 193

Eliane de Freitas Leite – Bibliotecária – CRB 8/8415

Este livro segue as regras do novo Acordo Ortográfico da Língua Portuguesa (1990).

Todos os direitos reservados. Nenhuma parte deste livro, protegido por copyright, pode ser reproduzida, armazenada ou transmitida de alguma forma ou por algum meio, seja eletrônico ou mecânico, inclusive fotocópia, gravação ou qualquer sistema de armazenagem de informações, sem a permissão expressa e por escrito da editora.

EDITORA: Almedina Brasil
Rua José Maria Lisboa, 860, Conj. 131 e 132, Jardim Paulista | 01423-001 São Paulo | Brasil
www.almedina.com.br

A Luiz Antônio (*in memoriam*),
por ter (com)partilhado sorrisos, sabores e saberes.

SUMÁRIO

APRESENTAÇÃO – CARTA À AUTORA – E AO LEITOR
Bruno Pucci   11

NOTA INTRODUTÓRIA   17

NOTA DE AGRADECIMENTO E HOMENAGEM   29

PARTE I – GENEALOGIA DOS AFETOS   31
Breviário das Colaborações por Meio do Gênero Epistolar   33

PARTE II – DA POSSIBILIDADE DE CONVERGIR NA
DIFERENÇA   59
Reprodução da Arte na Era da Reprodutibilidade da Obra   61
Contribuição Qualificada: Material Para Uma Estética Crítica   71
Da Arte-Encantamento de Massas à Arte Desencantada para
as Massas   83

PARTE III – UM DIALÉTICO LEGADO INTELECTUAL   93
Onirokitsch, Kitsch Social e Empobrecimento da Experiência   95
Meios de Produção Cultural e Modos de Reprodução Social   105
Popularidade e Totalitarismo: Duas Faces da Cultura
Massificada   117

PARTE IV – SOBRE O ESPÓLIO DE WALTER BENJAMIN. . . . 129
Cartas de Gershom Scholem e Theodor Adorno (de novembro de 1940 a maio de 1969). 131
Cartas de Hannah Arendt e Theodor Adorno (de janeiro a maio de 1967) 157

PARTE V – APÊNDICE 165
Cronologia: Vida e Obra de Theodor Adorno 167
Cronologia: Vida e Obra de Walter Benjamin 185

CRITÉRIOS E MATERIAIS UTILIZADOS NESTA EDIÇÃO . . . 205

POSFÁCIO
Mário Vieira de Carvalho 211

REFERÊNCIAS 223

APRESENTAÇÃO

CARTA À AUTORA – E AO LEITOR

Prezada Lucyane,

Li, de forma atenta e prazerosa, seu livro sobre a *amizade eletiva* desses dois filósofos alemães, filhos de judeus, que viveram e escreveram ensaios instigantes sobre questões sociais, culturais, filosóficas e estéticas, desafiadoras da terrificante primeira metade do século XX. A originalidade de seu livro se manifesta, sobretudo, pela forma como você leu e analisou parte significativa da produção científica dos dois autores, expressa e complementada por cartas recíprocas.

No Brasil, foram traduzidas, publicadas e analisadas diferentes obras de Benjamin e de Adorno; mas não se deu a devida atenção ao diálogo crítico e construtivo da correspondência epistolar, que, após a leitura de seu texto, julgo ter sido fundamental para o trabalho científico dos dois autores, como também para se ter mais informações e admiração pela amizade estreita entre eles, testemunhada por 12 anos de relacionamento epistolar – "exatamente de 02.07.1928 a 02.08.1940" –, somando-se a este conjunto "uma carta derradeira, de 25.09.1940", como você ressalta na *Nota Introdutória* de seu livro.

Fiz a observação acima a partir de minha experiência de 30 anos como leitor e intérprete dos livros e ensaios de Walter Benjamin e, particularmente, de Theodor Adorno. Meus escritos – artigos, livros e capítulos de livros – em pouquíssimos momentos foram iluminados e/ou fundamentados pelas epístolas trocadas entre os dois pensadores.

Ao mesmo tempo, foram poucos os livros e artigos escritos em diálogo com eles, lidos e analisados por mim, em que as cartas serviram de base para a argumentação sobre os referidos autores.

Sua leitura atenta e crítica das mensagens recíprocas em muito me ajudou a iluminar uma dimensão obscurecida que pairava sobre mim a respeito do relacionamento de Adorno e Benjamin: que o frankfurtiano, assessor e mais próximo de Horkheimer, diretor do Instituto de Pesquisa Social, teria censurado alguns ensaios de Benjamin, na ocasião bolsista de pesquisa do Instituto e responsável pela produção de artigos científicos e de resenhas literárias. Você nos mostra, de forma convincente e bem fundamentada, que a amizade entre ambos se expressava de forma intensa e sincera no elogio e, também, na crítica da produção científica de ambos. Adorno, ao mesmo tempo em que questionava expressões e fragmentos de Benjamin em *A obra de arte na era da reprodutibilidade técnica*, em outros ensaios, continuamente, em quase todas as missivas, incentivava Benjamin a prosseguir em seus escritos sobre *As Passagens*. Por sua vez, Benjamin, mesmo se declarando um não-expert em assuntos musicais, lia de forma crítica e contributiva os ensaios estéticos de Adorno, trazendo--lhe contribuições específicas, como na análise do texto sobre Wagner. O livro trata de uma crítica imanente, que se torna analítica e reflexiva, e, por isso, radical e colaborativa. E as missivas *ad invicem* expressam essas dimensões carinhosamente, como você bem caracterizou.

Suas observações nos mostram também que a *amizade eletiva* entre ambos se manifestava em outras dimensões que vão além da cooperação científica; ajudavam-se mutuamente nas dificuldades de viver, como judeus, como críticos radicais do antissemitismo, do nazi-fascismo, naqueles tempos sombrios. Benjamin, com dificuldades financeiras e problemas de saúde, recebia continuamente a ajuda do amigo para conseguir apoio financeiro, inicialmente, do próprio Adorno e de outras pessoas contatadas pelo frankfurtiano e, posteriormente, do Instituto de Pesquisa Social, para que pudesse continuar escrevendo seus textos estético-filosóficos sobre *Baudelaire*, sobre *As Passagens*.

APRESENTAÇÃO

Adorno foi solidário a Benjamin também por ocasião dos problemas de saúde de seu filho Stefan, de 18 anos, acometido de doenças mentais e necessitado de ser socorrido em Viena. Benjamin, por sua vez, era solicitado pelo amigo para ajudá-lo em suas atividades científicas, como em 1937, quando, representando o Instituto de Pesquisa Social, participou do congresso dos positivistas lógicos e do congresso de filosofia: "Seria um grande alívio para mim se você pudesse comparecer e, assim pensa Max, me emprestasse sua ajuda" (p. 72).

No ensaio, *Walter Benjamin confidente de Adorno e Horkheimer na Dialética do Esclarecimento*, escrito por mim em 2000[1], constatei que os encontros teóricos e de amizade mais intensos entre Benjamin e Adorno acontecem a partir de 1928, em Frankfurt, e se desenvolvem no contexto de leituras de textos mútuos e de discussões proveitosas para ambos. Adorno certamente lucrou muito com tudo isso. Seus textos posteriores explicitam esses momentos de confidências e de aprofundamentos filosóficos. "Tinham muito em comum, apesar de inúmeras divergências: ambos consideravam a arte como uma forma de conhecimento e a filosofia como um instrumento privilegiado de fazer a arte falar" (Pucci, 2021, p. 33).

Momentos marcantes nesse processo de conhecimento foram as "inesquecíveis conversações" que tiveram no outono de 1929, em Königstein, vilarejo próximo a Frankfurt. Foram dois meses de intensos colóquios que selaram uma amizade intelectual duradoura. Já em 1931, quando Adorno, com 28 anos, ingressa como professor de filosofia na Universidade de Frankfurt, sua conferência inaugural, *A Atualidade da Filosofia*, expressa claramente a presença silenciosa e fértil de categorias estético-filosóficas benjaminianas. Daí pra frente, Benjamin estará sempre presente.

---

[1] Este ensaio foi publicado inicialmente pela Revista *Comunicações* (UNIMEP/ /Piracicaba) em 2000, v. 07, n. 02, p. 55-69; e republicado no Vol. 3 de os *Ensaios Filosófico-Educacionais*, em 2021, *e-book* por mim escrito e organizado, publicado pela Pedro & João Editores, de São Carlos, p. 33-56.

A solidariedade de Adorno para com Walter Benjamin não se deu apenas enquanto os amigos estavam vivos e necessitavam um do outro. Deu-se também após a morte de Benjamin. As cartas de Hannah Arendt e Theodor Adorno, de janeiro a maio de 1967 e, sobretudo, as cartas de Gershom Scholem e Theodor Adorno, de novembro 1940 a maio de 1969, traduzidas e, detalhadamente, apresentadas por você, Lucyane, testemunham, de forma maravilhosa, essa intensa e generosa amizade, que levou o frankfurtiano e sua esposa Gretel, amiga e confidente de Benjamin, a se empenharem o máximo para que a memória e as mensagens estético-filosóficas de Benjamin se tornassem conhecidas e se perpetuassem.

Em minha observação, expressa no ensaio citado, o diálogo de Adorno com Benjamin se torna ainda mais forte e significativo após o desaparecimento físico de seu amigo. Os principais textos de Adorno, desde as *Minima Moralia* até a *Teoria Estética*, passando pela *Dialética do Esclarecimento*, pelas *Notas de Literatura*, pela *Dialética Negativa*, todos eles, escritos em forma de ensaios filosóficos, estéticos, sociológicos, expressam profundamente, nas entrelinhas, ideias, discordâncias, recriações miméticas de categorias e de reflexões de seu interlocutor oculto. O espírito sempre presente de Benjamin acompanha solidariamente seu amigo na produção dos ensaios. Continuam os diálogos, as tensões, as modificações dos textos que devem ser publicados. E com que rigor! Só que agora quem modifica os textos é o amigo que ficou. Explicitamente em dois momentos o diálogo se transforma em homenagem ao amigo que partiu antes: no aforismo «Legado», de as *Minima Moralia* e no ensaio «Caracterização de Walter Benjamin», da coletânea *Prismas* (Cf. Pucci, 2021, p. 37-38)[2].

---

[2] Adorno, Aforismo n. 98, "Legado", in *Minima Moralia: Reflexões a partir da vida danificada*. Trad. Luiz Eduardo Bicca. São Paulo: Àtica 1992, p. 132-134; Adorno, T. W. "Caracterização de Walter Benjamin". In *Prismas: Crítica cultural e sociedade*. Trad. de Augustin Wernet e Jorge Mattos Brito de Almeida. São Paulo: Ática, 1998, p. 223-238.

APRESENTAÇÃO

Por sua vez, Lucyane, no email de 01/11/2021, em resposta à recomendação que lhe fiz de, "na Introdução, em 1 ou 2 parágrafos, descrever, de forma concisa, os tópicos que constituem cada Parte de seu livro", você, com firmeza e convicção, em resposta, expressa sua forma pessoal e criativa de expor as ideias:

> Andei pensando sobre a sua recomendação de desenvolver tópicos que constituem cada parte do texto. Como você deve ter percebido, diferentemente de um trabalho acadêmico, não tive a intenção de escrever um texto muito didático. Preciso dimensionar essa sua observação cuidando, no entanto, daquela intenção de não deixar o texto muito "palatável", por assim dizer. Para escrever o texto, debrucei-me sobre a máxima de Paul Valéry que dizia que o homem de hoje não digere o que não pode ser abreviado. Embora eu entenda que essa seja uma tendência do mundo contemporâneo, faço certa oposição e resisto a entregar ao leitor um texto demasiadamente "abreviado", buscando pensar em uma ideia de escrita mais poética e menos imagética, entende? Uma linha tênue que certamente eu deverei exercitar. [3]

De fato, Lucyane, seu texto é enxuto e, ao mesmo tempo, reflexivo; expressa sua capacidade de síntese e, simultaneamente, de investigação. Eu mesmo, que venho lendo, estudando e escrevendo livros e ensaios de Theodor Adorno há mais tempo, me deparei com informações e análises sobre esse pensador e sobre seu amigo Walter Benjamin – particularmente na *Parte V*, sobre a *vida e obra de Adorno e de Benjamin* – que ainda não tinha tido acesso. Confesso minha admiração e alegria pela forma expressiva e convincente que seu texto apresenta. Um escrito que não se fundamenta apenas em correspondências epistolares, mas, também, na relação e na tensão entre os escritos ensaísticos dos dois pensadores, que se ajudaram mutuamente na concordância e na discordância de análises e interpretações.

---

[3] De Moraes, Lucyane. Mensagem pessoal recebida por correspondência de e-mail em novembro de 2021.

Certamente os leitores vão se encantar com a *amizade eletiva*, com a ajuda mútua, com a presença de um na vida e nos escritos do outro, particularmente de Adorno, que teve a felicidade de viver mais tempo e carregou em seus escritos ensinamentos, conceitos e, sobretudo, a presença dialógica e crítica do amigo. Parabéns Lucyane e meus agradecimentos por ter tido o privilégio de ler em primeira mão seu expressivo e original livro!

Com carinho e amizade, Bruno Pucci.
Piracicaba, 09 de fevereiro de 2022.

NOTA INTRODUTÓRIA

O relacionamento mantido por Adorno e Benjamin ao longo de um quarto de século representa um dos mais fecundos exemplos já registrados nos campos filosófico e cultural. O conjunto de cartas trocadas entre eles revela claramente uma amizade marcada pela sinceridade e interesse profundo pela contribuição crítica sem limites, contribuição essa considerada definidora para a produção científica dos dois autores, determinada por uma relação de complementariedade.

Ao reunir parte significativa da correspondência entre os amigos, este volume expõe, por meio da montagem de escritos originais, um debate franco sobre multifacetados temas e sem qualquer reserva, senão pela possibilidade de refletir sobre a determinação do livre pensar. De modo geral, visa contribuir para o alargamento da reflexão de temas filosóficos, estéticos, éticos, políticos e educacionais, abordados por Adorno e Benjamin, procurando com isso atender a uma reconhecida demanda pública da obra dos dois autores. Ainda, evidencia o quanto eles convergem na ideia de possibilidade concreta de realização da liberdade humana – na precariedade subjetiva e objetiva – das atuais sociedades. Ao mesmo tempo, não ignora aspectos de natureza pessoal, calcados no sofrimento e na expectativa de algo por vir, em um mundo sem muitas esperanças, em uma época marcada por catástrofes. E aí também reside a grandeza desse debate.

THEODOR ADORNO & WALTER BENJAMIN: EM TORNO DE UMA AMIZADE ELETIVA

Apesar das muitas histórias narradas em paralelo, o conjunto de cartas trocadas por Adorno e Benjamin reitera uma estreita amizade solidificada através dos anos, expressa pela admiração, confiança e contribuição mútua dos filósofos-amigos. Além de uma profícua cooperação teórica, o que a correspondência também revela é o quanto eles se ajudaram em situações das mais diversas: na emigração, na condição de uma Alemanha devastada por uma tradição antidemocrática, na percepção da experiência plena (*Erfahrung*) que – em oposição às dinâmicas maximizadas de experiência vivida (*Erlebnis*) –, interliga rastros de dor do passado, da memória, do exílio, entre outros.

Mesmo assim, uma tendência de sentido comum, por assim dizer, forjada pela ideia de polarização entre os amigos parece contrapor--se à história de cumplicidade contada nas linhas e entrelinhas do intercâmbio epistolar, que acabou por transformar-se em verdadeiros documentos autobiográficos. Com o intuito de participar da discussão promovida pelos próprios autores sobre suas próprias ideias, esta edição tem como desafio lançar uma outra luz sobre a relação de ambos, mais generosa e colaborativa, tanto em termos pessoais quanto intelectuais, na contramão do que ainda hoje se postula no âmbito de uma polarização que não encontra eco em termos de averiguação científica.

As páginas que se seguem buscam desconstruir criticamente essa tendência, destacando não somente a abrangência intelectual, mas, também, a relação afetiva entre eles, podendo a mesma ser igualmente caracterizada sob o enfoque da crítica. Não por outra razão, este volume procura contribuir com uma interpretação comprometida com fatos históricos, baseada exclusivamente em documentos e correspondências trocadas entre ambos, incluindo considerações e comentários apresentados em cartas de amigos-interlocutores. O resultado, portanto, aponta para outro olhar sobre um relacionamento que foi construído, como poucos, sob a égide do pensar dialético.

Em um contexto de oposição à ideia atribuída de que Benjamin era apenas um "literato refinado", com "fama de ensaísta", Adorno esclarece que, especialmente, "no caso de um escritor tão complexo quanto Benjamin", esse entendimento, aliás, "um simples mal entendido", se deu "tendo em vista a intenção profunda de seu ataque à desgastada temática da filosofia e seus jargões" presente em boa parte de sua obra. E argumenta: "os mal-entendidos são o meio de comunicação do não comunicativo [...] Ao violar as fronteiras que separam o literato do filósofo, Benjamin fez da necessidade empírica sua virtude inteligível" (Adorno, 2008a: 212).

A contrapelo de uma 'história' contada tantas vezes sobre um alegado comportamento exercido por Adorno de censura a Benjamin, tal suposição corriqueira – sem base de sustentação – pode ser facilmente posta em questão mediante a análise da referida correspondência epistolar. Aliás, riquíssima em conteúdo e recheada de detalhes, as mensagens recíprocas põem à mostra as exatas intenções por trás de cada argumento crítico desenvolvido por ambos, com destaque para intervenções sempre precisas e realizadas com grande sinceridade intelectual.

Tanto quanto possível, cabe enfatizar essa relação em sentido qualificado, evidenciando as contribuições de cada autor, em cada um de seus momentos vividos e em seus mais diferentes contextos. Vale assinalar que no conjunto da correspondência oficial mantida durante doze anos, exatamente entre 02.07.1928 e 02.08.1940, soma-se uma carta derradeira, de 25.09.1940, escrita por Benjamin e entregue aos cuidados de Henny Gurland, com recomendação a Adorno.

Cabe lembrar que a circunstância que fez Gurland entrar para a história é comovente. Adorno narra esse fato em carta de 08.10.1940 dirigida ao historiador, também amigo e interlocutor de longa data de Benjamin, Gershom Scholem, ao informar: "Benjamin tirou a própria vida. Havia conseguido em Marseille seu visto para os Estados Unidos, uma colocação no Instituto e parecia estar tudo em ordem: só que os franceses, não lhe concederam o visto" (*in* Adorno & Scholem: 28). Assim é que Adorno justifica a razão pela qual "Benjamin tentou atravessar a fronteira junto com algumas mulheres", mencionando, ainda: "três das quais eu conheço de nome: a senhora Grete Freund, a doutora Biermann[4] e a senhora Hedi Gurland[5], todas elas agora em Lisboa"[6] (*in* Adorno & Scholem: 28-29).

Gurland – que estava com o filho adolescente, Joseph Logran – era então uma das acompanhantes da fadada última viagem de Benjamin, com provável destino aos Estados Unidos. Em setembro de 1940, aquele pequeno grupo de refugiados atravessou a rota transfronteiriça franco-espanhola, de Banylus-sur-Mer, na região de Occitânia, sul da França até Portbou, província de Girona, nordeste da Catalunha, em direção a Portugal e de lá para aquele provável destino final. Já na Catalunha, uma nova restrição impede seus integrantes de seguir viagem. Após uma verdadeira *via crucis* clandestina pelos Pirineus Orientais, o grupo listado como *sans nationalité*, foi informado de que um decreto havia sido publicado proibindo a entrada de pessoas sem nacionalidade na Espanha. Assim como Benjamin, nenhum dos outros dispunha de visto de entrada em território espanhol, motivo pelo qual os militares franquistas informaram que eles deveriam retornar para a França ocupada.

Na mesma carta a Scholem, Adorno relata que, na fuga, "depois de uma travessia a pé que aparentemente foi muito cansativa, além das muitas dificuldades causadas pelos franceses, eles chegaram a Portbou". E descreve como os militares da fronteira "tinham intenção de deportá-los para a França, mas, lhes foi concedida uma noite de

---

[4] Birman (essa é a grafia correta).

[5] Henny Gurland (esse é o nome correto).

[6] Respectivamente, Grete Freund (1895-?) foi diretora de finanças da revista berlinense de esquerda *Das Tage-Buch*, periódico para o qual Benjamin escrevia. A advogada Carina Birman (1895-1996), amiga de Grete, foi assessora da embaixada austríaca em Paris ao longo de doze anos, de 1926 a 1938, reconhecida por ajudar artistas e intelectuais perseguidos pelo regime nazista. Por sua vez, Henny Gurland (1900-1952) trabalhou como fotógrafa no jornal de orientação social democrata *Vorwärts* e após sua casa ter sido invadida pelos nazifascistas em 1933, mudou-se para Bruxelas e depois para Paris. Já nos Estados Unidos, em 1944, se casou com Erich Fromm, conhecido psicólogo e membro colaborador do Instituto de Pesquisa Social. Em 1949, o casal se mudou para o México, devido a problemas de saúde física e mental contraídos por ela.

NOTA INTRODUTÓRIA

descanso". Ocorre que, exatamente naquela noite, "Walter tomou morfina [...]. Na noite do dia seguinte ele faleceu e foi enterrado na quarta-feira". Ainda, de acordo com Adorno, "o temor que o deportassem e o conduzissem a um campo de concentração francês, talvez também o esforço físico que excedia suas possibilidades, o levou a isso". E em resumo conclui: "o final de tudo é tão horrível e absurdo que qualquer consolo e explicação são igualmente em vão" (*in* Adorno & Scholem: 29)[7].

Quanto à Henny (Meyer) Gurland, acompanhante de Benjamin em seus últimos momentos de vida, em uma outra missiva, também encaminhada a Scholem, dessa vez em 19.11.1940, Adorno escreve: "sua companheira de viagem, a senhora Gurland, ficou com ele até o final e parece que se comportou de forma muito decente. Também se encarregou do enterro e pagou um túmulo por cinco anos" (*in* Adorno & Scholem: 35).

---

[7] Em tempo, as demais mulheres que Adorno não se refere em carta a Scholem eram Sophie Lippmann e Dele (simplesmente assim denominada), ambas, respectivamente, amiga e irmã de Carina Birman, integrantes do grupo que Gurland e Benjamin encontraram no caminho dos Pirineus. Outra mulher marcante na jornada era Elizabeth Erzsébet Eckstein, mais conhecida como Lisa Fittko (1909-2005). Ativista da resistência em Paris, Berlim, Amsterdã e Praga, ela, juntamente com seu marido Hans Fittko, foi muito considerada pelo trabalho como guia de refugiados nos Pirineus. Lisa organizou uma rota de fuga e ajudou muitos apátridas a cruzarem a fronteira com o apoio de Vincent Azéma, prefeito socialista da cidade francesa de Banylus, que lhe comunicara sobre a existência de um único caminho seguro que restava para chegar até a Espanha, *La Route Lister* – hoje conhecida como *Rota F*, em homenagem a Lisa –, uma trilha ilegal utilizada na época por contrabandistas. Lisa e Hans ajudaram na travessia de mais de cem refugiados, entre ativistas políticos e antinazistas perseguidos, durante os meses de setembro de 1940 e abril de 1941. Após esse período de atividades clandestinas em Banylus, Lisa se refugiou em Cuba onde trabalhou em um centro de treinamento para expatriados, na capital Havana, emigrando para os Estados Unidos em 1948. Em seu livro autobiográfico *Meu caminho pelos Pirineus*, ela lembra o trajeto até o lado espanhol da fronteira e o episódio da resistência antifascista na França, que levaria o "velho Benjamin", como o chamava afetuosamente, ao suicídio.

No que respeita a Scholem, a morte de Benjamin parece tê-lo marcado profundamente por muito tempo, fato esse que ele mesmo atesta: "o acontecimento mais importante dos últimos tempos é a morte de meu amigo Walter Benjamin, que tirou sua vida na fuga entre França e Espanha". Essa revelação foi assinalada em carta de 08.01.1941, dirigida a Shalom Spiegel, professor de literatura hebraica medieval em Haifa, Palestina, na qual Scholem confessa: "foi um golpe tremendo, do qual não há recuperação. Recebi de Nova York cartas detalhadas sobre sua morte, do Dr. Wiesengrund-Adorno, a única pessoa ali que ainda me escreve. Essas cartas mostram o terrível dessa tragédia" (*in* Adorno & Scholem: 41).

Fato é que, mesmo após seu falecimento, a consequência do trabalho de Benjamin continuará sendo objeto das atenções de Adorno, uma vez que a publicação integral da obra do amigo, como se sabe, se dá mediante sua iniciativa junto à Editora Suhrkamp. Aliás, não é de se estranhar, uma vez que Benjamin teria designado Adorno como o responsável pelo espólio de sua obra, episódio esse confirmado por Rolf Wiggershaus, que registra: "em junho de 1941, Adorno, que Benjamin havia designado seu executor testamentário em matéria literária, recebeu das mãos de Hannah Arendt [...] um exemplar do texto de Benjamin *Thesen über den Begriff der Geschichte*"[8] (Wiggershaus, 2002: 340).

História por si só repleta de minúcias, cabe assinalar que nos poucos meses que antecedem sua morte, Benjamin entrega uma cópia do manuscrito de seu último ensaio a Arendt com recomendação a Adorno, que se encontrava residindo em Nova York. Ocorre que, havendo outras versões daquele ensaio, inclusive, uma enviada a Gretel, em poder do Instituto de Pesquisa Social, a publicação desse escrito – bem como da totalidade da obra do autor – foi objeto vívido de disputa de Arendt. Esse ocorrido pode ser parcialmente

---

[8] *Teses sobre o conceito de história*. O ensaio escrito entre o Inverno e a Primavera de 1940, também traduzido como *Teses sobre a filosofia da história*, foi publicado pela primeira vez em edição comemorativa ao 50° aniversário de vida de Benjamin, na Revista do Instituto de Pesquisa Social: *Em memória de Walter Benjamin* (*Walter Benjamin zum Gedächtnis*), no ano de 1942.

NOTA INTRODUTÓRIA

vislumbrado através de correspondência entre ela e Adorno, trocada entre janeiro e maio de 1967[9].

Como se sabe, em vida, a publicação dos escritos de Benjamin se deu de forma pouco regular. Sem estabilidade financeira – e para garantir a sobrevivência de seus ensaios –, ele enviava cópias manuscritas e/ou datilografadas para diferentes interlocutores, parceiros e colaboradores que mantinham com ele ligações pessoais. Assim se deu também com Hannah Arendt, que, alguns dias após sua chegada a Nova York, atendendo a um pedido do próprio Benjamin, entrega "as Teses" para Adorno, na *429 West 117th Street*. No entanto, ela prefere não ceder o referido exemplar – conforme combinado com Benjamin – permitindo a ele, ao invés disso, fazer uma fotocópia do texto. Alegando não acreditar que Benjamin havia confiado o espólio de sua obra a Adorno, Arendt vislumbra a possibilidade de deter o controle do patrimônio filosófico e literário de Benjamin.

Parte da polêmica estabelecida por Arendt à época diz respeito a sua falta de conhecimento sobre Benjamin ter feito várias transcrições das "Teses"[10] – em diferentes versões, incluindo a anexação de materiais

---

[9] As cartas entre Arendt e Adorno revelam seu interesse pelo legado teórico de Benjamin. Por certo, não havia qualquer possibilidade de acordo entre os dois, a julgar pela falta de consenso a respeito de vários assuntos, tanto político quanto pessoal, incluindo seu relacionamento com Heidegger – e suas implicações política e intelectual – dada a simpatia de seu antigo mentor pelo nazifascismo, afinidade essa que Adorno criticou em seu *Jargão da autenticidade*, *Ontologia e dialética* e vários outros textos. Soma-se a isso o fato de Arendt ter responsabilizado diretamente Adorno pelo fracasso do projeto de habilitação acadêmica (sob a orientação de Paul Tillich) de seu primeiro marido, Günther Stern (primo em segundo grau de Benjamin), conhecido posteriormente sob o pseudônimo de Günther Anders.

[10] Além dos exemplares (manuscritos) confiados a Arendt e a Gretel, Benjamin fez outras versões de seu texto, deixando uma delas com a irmã Dora (em exemplar datilografado), enviando outras para os amigos Adorno e Scholem (ambas extraviadas), confiando o seu exemplar de trabalho (datilografado e corrigido à mão) a Bataille, antes de sua repentina saída de Paris. Conforme carta de Adorno a Scholem, datada em 19 de fevereiro de 1942, o jurista, professor de direito e

adicionais isolados –, fato esse confirmado pela própria Arendt: "Benjamin me deu o manuscrito e o Instituto só teve acesso a ele graças a mim". Essa afirmação pode ser conferida em carta endereçada a Scholem, datada de 17 de outubro de 1941.

Apesar disso, a obra completa de Benjamin foi publicada sob a supervisão de Adorno, viabilizada pelo editor Peter Suhrkamp (falecido em 1959), conforme o previsto, uma vez que ambos detinham, ética e intelectualmente, o direito de edição e publicação do espólio do filósofo-amigo. Essa informação também é dada por Arendt, ao reconhecer: "o Instituto tem o legado literário", mas, segundo ela, "não se atreve a publicar nada em alemão", declaração esta registrada na mesma carta a Scholem, de outubro de 1941[11].

No entanto, como se sabe, em 1942, Gretel, confidente e conselheira intelectual de Benjamin[12], além de colaboradora nas edições de

---

amigo de Benjamin, Martin Domke, entregou ao Instituto, em 1941 – sabe-se hoje, a pedido de Dora –, "duas pastas" contendo "manuscritos e livros" – entre eles, as "Teses" – deixados por Benjamin aos cuidados de sua irmã.

[11] De acordo com o testemunho de Scholem, "Hannah Arendt sentia uma profunda aversão pelo pessoal do Instituto, especialmente contra Horkheimer e Adorno; o sentimento era recíproco. Ela se perdia em sombrias especulações sobre o comportamento do Instituto para com Benjamin e não o ocultava deste. Nisso, ela ultrapassou as minhas próprias reservas"; cf. Scholem, 1989: 215.

[12] O vínculo afetivo entre Gretel e Benjamin é, também, parte importante para a compreensão da relação de amizade e cooperação mútua entre Adorno e Benjamin. Frequentando o mesmo círculo de artistas e intelectuais de esquerda em Berlim, durante o ano de 1928, Gretel, formada em química, estreita, a partir daí, relação de amizade com Benjamin, utilizando, para tanto, os pseudônimos Detlef e Felicitas em cartas trocadas entre os anos de 1930 e 1940. Esta correspondência torna-se mais intensa a partir de 1933 – ano do misterioso incêndio do *Reichstag* –, época a qual ela o incentiva a deixar a Alemanha. Gretel se torna a pessoa de confiança de Benjamin que, por sua vez, se torna seu amigo-confidente. Durante seu exílio parisiense, ela organiza seus escritos, media seus problemas pessoais e, com o apoio de Adorno, mobiliza grupos de conhecidos na Europa visando ajuda financeira para o amigo. E, mediante as cartas dirigidas ao "seu Detlef", ela tenta mantê-lo estimulado e produtivo. Em correspondência de fins de abril ou princípios de maio de 1940, ou seja, alguns meses antes de sua

NOTA INTRODUTÓRIA

seus manuscritos, produziu uma edição limitada dos textos do amigo, intitulada *Em memória de Walter Benjamin*, publicada por Adorno e Horkheimer em um número especial da *Zeitschrift für Sozialforschung*. Como já havia feito com outros trabalhos de Benjamin em vida, Gretel – decifrando conteúdos enunciados e apontando dados de primeira mão – foi quem primeiro fez um rascunho datilografado de seus manuscritos[13], incluindo as "Teses", ajudando a organizar suas diferentes versões[14]. Uma segunda publicação em língua alemã das "Teses" se dá no ano de 1950, sob os cuidados de Adorno, lançada no número de dezembro da revista *Neue Rundschau*, uma das publicações culturais mais antigas da Europa. Ainda em 1950 é publicado o primeiro livro de Benjamin no pós-guerra, *Infância em Berlim por volta de 1900*, editado por Adorno com colaboração de Scholem.

---

morte, Benjamin escreve à amiga: "Nós temos que tentar colocar o melhor de nós mesmos nas cartas; pois não há nenhum indício de que o momento de nosso encontro esteja próximo", *in* Gretel & Benjamin: 447.

[13] Em reconhecimento ao trabalho e auxílio de Gretel, Benjamin escreve à amiga em carta datada de 16 de abril de 1938: "Sua disposição em fazer uma cópia do trabalho sobre a reprodução é inestimável. Aceito com a maior alegria. Assim que eu encontrar tempo para revisar o manuscrito novamente, você irá recebê-lo. Parece que com a sua intervenção uma boa estrela iluminou o meu opúsculo", *in* Gretel & Benjamin: 341.

[14] Uma das versões das "Teses" foi traduzida para o francês por Pierre (Bonnasse) Missac, no ano de 1947, sob o título *Sur le concept d'histoire*, publicada no número 25 de *Les Temps Moderns*, a mais importante revista literária do período do pós--guerra, valendo lembrar que esta foi a primeira tradução póstuma de um texto de Benjamin. O então jovem escritor Missac, que – por intermédio de Bataille – havia conhecido Benjamin em 1937, torna-se seu amigo e grande entusiasta de sua obra literária. Dedicou-se no pós-guerra à tarefa de editar seus textos e a difundir seu pensamento na França. Juntamente com Scholem e Adorno, é considerado personagem-chave na tarefa de divulgar (em língua francesa) os escritos do amigo. Publicou dois artigos sobre as "Teses" benjaminianas, intitulados: *O anjo e o autômato: notas sobre as «Teses Sobre o Conceito de História» de Walter Benjamin* e *Estas são Teses. Essas são Teses?*. Seu livro póstumo *Passagens de Walter Benjamin*, traz um curioso estudo sobre a história e a escrita do filósofo amigo.

Em 1955, Adorno e Gretel editaram uma coletânea de ensaios do amigo, em dois volumes, publicada pela Suhrkamp Verlag, provocando o surgimento das primeiras discussões sobre seus escritos e de novas edições de sua obra, assim como inúmeras traduções para diferentes idiomas[15]. Em 1958, Adorno realiza um novo projeto acadêmico de salvaguarda do legado do amigo: trata-se de uma iniciativa, junto à Universidade de Frankfurt, de orientar uma tese de doutoramento sobre os escritos estético-filosóficos de Benjamin. Sobre essa nova empreitada, em 1° de agosto daquele ano, ele escreve a Scholem, comunicando: "É possível que lhe interesse saber que estou orientando um trabalho de doutoramento sobre Benjamin, que trata da tentativa de apresentar integralmente sua estética. O homem que o realiza, chamado Tiedemann, é sem sombra de dúvida um dos meus alunos mais talentosos" (Adorno & Scholem: 174)[16].

Sabe-se, hoje, que a obra de Benjamin desde os anos 1950 não é imaginável sem a contribuição de Adorno, que se dedicou à tarefa de editar seus textos, fazendo com que o nome de Walter Benjamin, até então pouco conhecido, fosse lembrado e circulasse tanto no meio acadêmico quanto junto ao leitor comum de língua alemã[17]. Ao que

---

[15] O emocionante relato sobre o êxito "tanto literário quanto nas vendas" da acalentada publicação da obra de Benjamin e a extraordinária notícia de que seu filho Stefan, enfim, pôde contar "com um benefício material", podem ser encontrados nas cartas trocadas entre Adorno & Scholem.

[16] Em 1964, Tiedemann recebe de Adorno e Horkheimer seu título de doutor com a primeira dissertação sobre Benjamin. Em 1965 ele publica seus *Escritos sobre a filosofia de Walter Benjamin* (*Studien zur Philosophie Walter Benjamin*) com prefácio de Adorno, contando com diversas edições em língua alemã. O livro foi também traduzido para o francês, pelo filósofo e historiador da arte Rainer Rochlitz. De acordo com o editorial Suhrkamp, o opúsculo, esgotado durante um longo período, continua sendo a única apresentação abrangente da filosofia de Benjamin até hoje.

[17] Confirma isso o depoimento de Tiedemann ao recordar que, logo após a Segunda Guerra, "já em 1950, dez anos após a morte de Benjamin, Adorno foi o primeiro a destacar a importância de sua filosofia, inclusive ao editar cinco anos depois, juntamente com sua esposa e Friedrich Podszus, uma ampla seleção de

NOTA INTRODUTÓRIA

parece, a vontade de Benjamin foi realizada sem mais e não de outro modo, de acordo com a sua determinação, como não poderia ser diferente. Fica evidente, então, a infundada alegação de Arendt de que o Instituto não iria publicar os escritos do amigo.

Por fim, entre tantos testemunhos de uma amizade que não conheceu limites – nem mesmo na crítica imanente –, não se pode esquecer a mencionada carta final de Benjamin, datada em 25.09.1940, na qual ele registra seus últimos momentos de vida, sob a ameaça do fascismo alemão: "numa situação sem saída, não tenho outra escolha senão pôr fim a tudo. É num vilarejo nos Pirineus onde ninguém me conhece que minha vida vai se acabar" (*in* Adorno & Benjamin: 476)[18].

Dirigida a Adorno, a missiva é o registro da afeição entre dois homens que, notoriamente devotados à reflexão, puderam exercer suas existências a partir da dialética entre razão e emoção, sem dicotomia. É sem dúvida, também, uma resposta àqueles que – apressadamente – não puderam perceber a essência crítica e dialética que norteou tal amizade, ignorando, talvez, o fato indiscutível de que a dialética sempre quer dizer algo duplo.

---

escritos de Benjamin lançando as bases para a recepção de sua obra, quase completamente esquecida [...] Adorno atuou diversas vezes como editor e divulgador dos escritos do amigo, promovendo, sobretudo, a discussão e desenvolvimento das teorias de Benjamin através de suas próprias obras [...] A interpretação que Adorno faz da obra de Benjamin, mesmo quando discorda de seus conteúdos, faz mais justiça ao amigo do que qualquer contribuição pós-moderna baseada em modismos", cf. Tiedemann – Nota editorial *in* Adorno, 1995b: 175-177.

[18] O em torno da morte de Benjamin encontra-se cercado de mitos e lendas. Diferentes teorias contestam seu suicídio, desde uma morte acidental, passando por assassinato pelos militares franquistas, pela Gestapo e até por agentes secretos da URSS, entre outras hipóteses formuladas em um filme documentário. Embora aleguem legitimidade, nenhuma destas teorias conseguiu suplantar a versão oficial do suicídio resultado de uma overdose causada por ingestão de tabletes de morfina, sendo essa a *causa mortis*. Na interpretação de Scholem, "é evidente que Benjamin muitas vezes cogitou da possibilidade de suicídio e o preparou [...] Assim, o que aconteceu finalmente, depois de cruzar a fronteira espanhola, não foi um ato irracional surpreendente, mas algo que ele havia preparado interiormente"; cf. Scholem, 1989: 221.

Deixada aos cuidados de Gurland, na carta, as últimas palavras de Benjamin foram então para o leal interlocutor de sempre, sem qualquer desculpa e como sempre, sob a ótica da razão: "peço-lhe que transmita meus pensamentos ao meu amigo Adorno e lhe explique a situação em que me vi colocado. Não me resta muito tempo para escrever todas aquelas cartas que eu desejara escrever" (*in* Adorno & Benjamin: 476).

Vale reafirmar, portanto, a qualidade de uma relação que foi construída sempre igualada na diferença, reportando, mais uma vez, às contribuições de cada um a cada outro, em cada momento vivido e em condições das mais diversas.

Na certeza do enunciado que norteia as ciências físicas em geral – e mesmo esferas por assim dizer subjetivas, em particular – como um imã, a relação entre ambos pode ser resumida enquanto polos opostos que se atraem, representada pelo conceito de reflexão: tanto na forma do pensamento quanto no sentido daquilo que determina uma imagem no espelho, que reflete o seu contrário. Como se referiu Benjamin, "de todas as relações estabelecidas pela Modernidade, a mais notável é a que tem com a Antiguidade" (Benjamin, 2000: 80). Decerto, um exemplo de sentença considerável: naquilo que a filosofia entende como dialética e a psicologia profunda como relação de complementariedade.

Se, como definiu Marx, a existência é o meio de realização da essência humana, pode-se pensar então sobre a humanidade essencial que mediou a existência dos dois autores. Ambos responsáveis por obras singulares, constituídas na pluralidade, cada qual compreendeu o mundo adverso de forma diversa, sob uma ótica de convergência dissonante.

Esse entendimento é aqui expresso a partir da leitura da correspondência epistolar, que, de forma impressa, revela o *em torno da amizade eletiva entre Theodor Adorno & Walter Benjamin*.

Rio de Janeiro, 21 de janeiro de 2022

A Autora

NOTA DE AGRADECIMENTO
E HOMENAGEM

Esta edição é resultado de uma pesquisa cujo processo de escrita contou com o estímulo direto e indireto de algumas pessoas que em muito me apoiaram e que sem a generosa contribuição não seria possível concluí-la nem mesmo publicá-la. Com sentimento de gratidão, deixo registrado, primeiramente, umas palavras especiais de reconhecimento aos amigos-interlocutores: Bruno Pucci, pela forma criteriosa com que leu e acompanhou os primeiros rascunhos deste ensaio, ratificando a ideia de que a produção literária como resistência é ainda possível; Flávio Beno, pela assistência na resolução de problemas corriqueiros, pelas considerações significativas, por sempre me encorajar a seguir adiante; Mário Vieira de Carvalho, pela apreciação arguta, pelas estimadas conversas e afetuosa partilha da escuta; Wagner Campos, pela lembrança das calorosas discussões sobre os textos de Adorno e de Benjamin e por seus pontos de vista sobre o momento presente, que vieram ao encontro dos meus. Aos amigos-parceiros: Miguel Carolino e Isabel Maurício, porque a amizade é coisa sublime. Embora não tenha tido a oportunidade de utilizar diretamente subsídios de colegas-pesquisadores(as) que trabalham na investigação dos textos de Adorno e Benjamin no Brasil, ainda assim gostaria de expressar o meu reconhecimento a todos(as) que têm se debruçado sobre os escritos destes emblemáticos pensadores. Meu débito se estende também a comentadores(as), organizadores(as) e

THEODOR ADORNO & WALTER BENJAMIN: EM TORNO DE UMA AMIZADE ELETIVA

tradutores(as) que divulgam e tornam possível a leitura de suas obras em língua portuguesa. Tendo em vista a importância das edições brasileiras, agradeço, com igualdade, aos membros da Comissão Editorial da UNESP, pelo compromisso de levar adiante o projeto de publicar as obras de Theodor Adorno, em especial, a *Correspondência 1928-1940 Adorno-Benjamin*, trabalho fundamental para o desenvolvimento deste ensaio.

PARTE I

GENEALOGIA DOS AFETOS

BREVIÁRIO DAS COLABORAÇÕES POR MEIO DO GÊNERO EPISTOLAR

Testemunha de um relacionamento marcado por mútua influência criativa, a correspondência mantida por Adorno e Benjamin deixa evidente uma amizade que, caracterizada por um pensar dialético, não só tolera diferenças teóricas profundas, mas torna possível convergir nelas mesmas.

Essa peculiaridade pode ser atestada, por exemplo, em carta enviada de Paris, de 29.01.1934, na qual Benjamin argumenta sobre o projeto da ópera infantil de Adorno, *Tesouro do índio Joe* (*Der Schatz des Indianer-Joe*), baseado no Tom Sawyer, de Mark Twain: "ao ler essa peça, quis vez por outra que tivéssemos podido discutir o projeto em detalhe [...] Você logo teria visto que a própria natureza do material – à parte toda a questão musical, sobre a qual não me arrisco a nenhuma opinião – parece-me pouco promissora" (*in* Adorno & Benjamin: 74).

Ao registrar a sua crítica da forma mais sincera e construtiva – marca registrada da relação entre os amigos – Benjamin procura enfatizar os aspectos avaliados por ele como os mais expressivos do trabalho de Adorno, sem perder de vista aquilo que pode ser considerado, por vezes, como certo descompasso entre conteúdo e forma: "você pode estar certo de que não ignoro passagens de extrema beleza na peça. Sobretudo as cenas na caverna. Mas se trata da redução ao idílico, tal como expresso tanto pelas músicas quanto pelo curso da ação, coisa incompatível, a meu ver com o conteúdo a que você se consagra".

Por fim, ao argumentar sobre o que ele considera como possível elemento de desorganização da própria narrativa, Benjamin – usando como exemplo *Les Enfants Terribles*, de Cocteau – chama a atenção de Adorno para o fato de que "a infância só se deixa invocar tão imediatamente à custa de sangue sacrificial". E conclui: "no seu caso, o tom direto, rústico do diálogo acaba por estancá-lo" (*in* Adorno & Benjamin: 75).[19]

Por sua vez, a simples leitura de trechos das cartas referentes ao processo de elaboração das *Passagens* benjaminianas – que, aliás, permeia grande parte do período da correspondência –, revela, sem qualquer sombra de dúvida, a contribuição que Adorno deu ao amigo em vários níveis: pessoal, financeira e intelectual, sendo essas instâncias as mesmas que demonstram, pela necessidade, um sentido mais humano frente às inúmeras dificuldades vividas por Benjamin. Tanto nos aspectos relacionados à administração da vida quanto no trabalho. Tanto na esfera emocional quanto na racional, por assim dizer voltada para o trabalho teórico. Isso tudo, como já dito, para além das não poucas diferenças de concepção existentes entre ambos.

Assim é que em carta de 09.03.1934, Benjamin escreve a Adorno informando, entre outros assuntos, sobre a retomada do trabalho da referida obra inacabada, mais uma vez interrompido: "minhas *Passagens* tornaram a reviver, e foi você quem soprou as brasas – que não poderiam estar mais vivas do que me sinto eu próprio" (*in* Adorno & Benjamin: 81). Animado, quatro dias depois, Adorno responde ao

---

[19] Depois de um ano de silêncio, sem trocar correspondência, Benjamin – atendendo as diversas solicitações de Gretel – escreve a Adorno. Na missiva, Benjamin manifesta seu juízo negativo sobre a obra do amigo. Adorno, que havia trabalhado intensamente na composição do libreto de sua ópera entre os meses de novembro de 1932 e agosto de 1933, muito provavelmente pelo desencorajamento de Benjamin nunca acabará de escrevê-lo e seu projeto ficará inconcluso. Fica então evidente que ambos, discordando na convergência, se ajudavam mutuamente e que Adorno, sob uma ótica crítica incomum, soube incorporar e desenvolver em seus escritos conceitos fundamentais apreendidos do amigo, dimensionando tal presença em sentido dialógico.

amigo: "não lhe preciso garantir como estou feliz de que você tenha voltado a seu trabalho nas *Passagens*" (*in* Adorno & Benjamin: 85).

Na mesma missiva do dia 13.03, Adorno procura saber de Benjamin sobre o valor da ajuda financeira de 450 francos franceses, dada, inicialmente de forma anônima por ele, sua tia Agathe e a amiga da família Wiesengrund, Else Herzberger: "gostaria de lhe perguntar a fim de assegurar o prosseguimento dessa assistência, sobretudo se o que foi obtido até agora é suficiente para lhe propiciar uma base, dado que nos seja possível conferir certa regularidade ao fato" (*in* Adorno & Benjamin: 82).

Ainda, ao considerar a probabilidade de uma resposta negativa, Adorno, tendo em vista uma alternativa que aumentasse a referida ajuda, recorre diretamente ao amigo: "se você considera oportuno que eu exerça alguma pressão a mais junto às mesmas pessoas – o que, se a assistência for por demais modesta, seria bastante apropriado e até necessário" (*in* Adorno & Benjamin: 82). E indo além, menciona sua proposta de angariar apoio financeiro a Benjamin junto a outros amigos em condições financeiras mais favoráveis: "gostaria de saber o que acha de minha sugestão sobre uma dedicatória para o *trabalho das Passagens*. Nesse caso caberia interessar o irmão (residente em Paris) da senhora que seria a principal envolvida dessa vez" (*in* Adorno & Benjamin: 82-83), referindo-se à mencionada Else Herzberger.

Em troca de uma dedicatória nominal feita ao patrocinador, Adorno, orientando Benjamin sobre os passos necessários para a concretização do proposto, afirma que aquele possível mecenas, comerciante bem sucedido, era de "extraordinária generosidade e, em situação de apuro, um amigo como poucos, capaz de responder à sua sina em mais de um aspecto". E reitera: "nesse sentido, pelas razões que eu já mencionei, algo como a dedicatória seria extraordinariamente adequado, mas apenas, claro, se ele se dispusesse a um auxílio substancial" (*in* Adorno & Benjamin: 83).

Cinco dias depois, em 18.03.1934, Benjamin responde, agradecendo a prestativa e rápida ajuda do amigo, ao mesmo tempo em que reafirma que "certa regularidade na assistência seria de um valor tal que os doadores desconhecidos sequer podem imaginar, pois isso me possibilitaria ao menos planejar e pensar com antecedência" (*in* Adorno & Benjamin: 87).

Cabe mencionar que os referidos doadores, responsáveis pela ajuda, só são revelados a Benjamin posteriormente, em carta de 19.04 daquele ano, enviada pela então noiva de Adorno, Gretel Karplus, uma amiga querida, apelidada carinhosamente por Benjamin de Felicitas[20]: "[...] trata-se de uma senhora na casa dos cinquenta anos, cheia de vida, de nome Else Marianne, solteira, mas que prefere que a chamem de «senhora». Creio que Teddy intercedeu muito por você junto a ela. A quantia foi maior ou continuou em quatrocentos francos? Ela resulta na soma de três partes, Teddy, Else e Agathe" (*in* Gretel & Benjamin: 162). Com a intenção de esclarecer o assunto, três dias depois da carta de Gretel, Adorno escreve a Benjamin declarando: "por amor à clareza, só queria dizer que minha tia e eu também participamos com cerca de dois terços da remessa da sra. Herzberger" (*in* Adorno & Benjamin: 104).

As inúmeras dificuldades vividas por Benjamin – motivo da interferência efetiva de Adorno junto a amigos dispostos a colaborar – foram salientadas por ele próprio em carta de 18.03.1934, depoimento, aliás, que deixa bastante clara sua precária condição de existência à época: "na vida que tenho levado nos últimos tempos nada é talvez de efeito mais destrutivo que a total impossibilidade de enxergar além do mais modesto espaço de tempo". Com essas palavras, Benjamin admite o

---

[20] O apelido de Felicitas – dado a Gretel por Benjamin e utilizado na correspondência entre ambos – refere-se à personagem feminina da peça teatral *Um casaco, um chapéu, uma luva* (*Ein Mantel, ein Hut, ein Handschuh*), drama em 3 atos de Wilhelm Speyer. Sobre a gênese desta obra, Benjamin havia trabalhado o texto a quatro mãos com Speyer – conhecido autor de romances juvenis – durante estada em conjunto em Poveromo, província de Massa e Carrara, na região da Toscana, entre o Verão e o Outono de 1932. O relato de Benjamin sobre a amizade, o estreito contato literário e as múltiplas viagens que fez de automóvel com Speyer pela Itália central, pode ser encontrado em cartas escritas a Scholem, no período de 12 de julho a 25 de outubro daquele ano.

quanto sua situação o impedia de se concentrar e dar cabo das tarefas de trabalho a ele demandadas. Essa conclusão é acompanhada do mais amplo reconhecimento ao esforço de Adorno: "a esperança que me foi aberta pelas mãos de seus amigos, e depois pela sua carta, conduziu-me de volta ao trabalho" (*in* Adorno & Benjamin: 87).

Em carta datada de 05.04.1934, Adorno volta a incentivar o amigo no que diz respeito à continuidade do trabalho das *Passagens*, considerado por ele como "uma contrapartida à história primeva do século XIX". Sem perder de vista as dificuldades vividas por Benjamin, mas em tom categórico de advertência, Adorno escreve: "e assim chego com satisfação ao *ceterum censeo*, isto é, às suas *Passagens*, que devem ser escritas a todo custo, rematadas e ultimadas, com toda coerência e articulação precisa". Em seguida, Adorno procura ressaltar as qualidades do trabalho do amigo ao mencionar "todas as páginas esplêndidas sobre o jogador, as quais eu já conheço: o anel de Saturno, o impasse da dialética e o «sempre-igual»", adotando, por fim, um tom mais jocoso de saudável provocação: "permita-me assim concluir com o anseio mitológico de conjurar o conjurador" (*in* Adorno & Benjamin: 94).

A resposta de Benjamin é enviada de imediato no dia 09.04, reiterando ao amigo que "mais do que nunca dependo, assim, da intervenção da qual você se incumbe" (*in* Adorno & Benjamin: 97). Oito dias depois, ele recebe de Adorno a resposta referente ao assunto de sua carta enviada em 13.03.1934: "bom que você tenha mencionado a soma a Felizitas. Acho-a tanto menor porque dois terços representam as contribuições de minha tia e a minha própria". E, sem esquecer a já mencionada contribuição de Else Herzberger, nos termos referidos, Adorno informa que "por acaso a senhora em questão jantou conosco outra noite e fiz as mais precisas sugestões – com sucesso, espero. Seja como for, a respectiva contribuição pode ser tomada seguramente como um mínimo" (*in* Adorno & Benjamin: 98).

Por oportuno, Adorno comunica ao amigo, também, a notícia de mais uma contribuição angariada, desta vez com o editor do antigo suplemento de cultura do jornal *Frankfurter Zeitung*, à época, seu editor de política: "falei hoje com Benno a esse mesmo respeito e ele me confirmou que podemos contar da parte dele com parcelas mensais no valor de dois terços da soma [de 450 francos franceses] em apreço". Com isso, Adorno conta tranquilizar o amigo, propiciando a ele condições mínimas de subsistência e contribuindo para a continuidade de seu trabalho: "quero crer que depois de minha intervenção – extremamente drástica – haverá um aumento. Quero crer também que não haja mais razão para as mais graves inquietações" (*in* Adorno & Benjamin: 98).

Entre vários registros, oito meses depois, Adorno, em carta de 06.11.1934 dirigida ao amigo, volta a interceder em favor do trabalho das *Passagens*, escrito esse, mais uma vez paralisado devido a problemas diversos, incluindo negociações para a publicação do ensaio *O autor como produtor* (*Der Autor als Produzent*), assim como uma viagem a Dinamarca a convite de Brecht, que aconteceu em meados de julho.

Adorno argumenta, entre outros, sobre a importância daquele trabalho ressaltando a potencial contribuição que o mesmo poderá dar ao pensamento filosófico: "o que você diz sobre concluir o período de ensaio e finalmente retomar o trabalho das *Passagens* é de fato a notícia mais exultante que ouço de você em muitos anos. Você sabe que realmente vejo nesse trabalho parte de nossa predestinada contribuição à *prima filosofia*". E, indo além, procura incentivá-lo mesmo no sentido pessoal ao afirmar que "não há nada que eu mais deseje senão vê-lo capaz, após longa e dolorosa hesitação, de levar a cabo essa obra, fazendo jus a tema tão prodigioso", dando crédito à capacidade de trabalho do amigo em termos de efetividade, apesar de todos os pesares. Ainda, Adorno evoca questões de conteúdo às quais considera de maior relevo para o pensamento filosófico, enfatizando seus aspectos fundamentais em termos de originalidade: "parece-me, portanto, indispensável que justamente os temas mais remotos, o do «sempre-igual» e do inferno, sejam expressos com força plena e igualmente que o conceito de «imagem dialética» seja exposto em toda a sua claridade" (*in* Adorno & Benjamin: 112-113).

E por fim, procurando convencer o amigo sobre aquilo que refere à integridade do trabalho das *Passagens*, mediante a imperativa necessidade de sua escrita na língua alemã, Adorno confessa: "me seria uma infelicidade se esse trabalho, que terá de significar a integração de toda a sua experiência de linguagem, fosse escrito em francês", aludindo ao fato de que, mesmo sendo em um meio que o amigo domina plenamente "com o mais magistral conhecimento", tal escolha, para além de qualquer motivo existente – e mesmo justificável –, "não favorece aquela integração que pressupõe justamente a dialética de sua língua materna!" (*in* Adorno & Benjamin: 113).

Em 01.05.1935, Benjamin escreve a Adorno informando sobre a retomada do trabalho uma vez mais paralisado durante alguns meses: "estive em Paris por breve período e agora estou prestes, pela primeira vez em anos, a retomar as *Passagens*, não mais na trilha dos meus estudos apenas, mas com base num plano geral" (*in* Adorno & Benjamin: 144). E, na mesma missiva, referindo-se a questões financeiras, comunica ao amigo: "escrevi uma carta a Else Herzberger em seu endereço parisiense [...], mas ainda não tive resposta. Não obstante, é evidente que eu estaria particularmente disposto a travar contato pessoal com ela. Você acha que pode fazer algo para facilitar tal oportunidade?" (*in* Adorno & Benjamin: 145).

Por sua vez, em 20.05.1935, Adorno responde: "sua elaboração do esquema é a mais importante e agradável notícia que eu poderia ter ouvido de você, e não preciso lhe dizer quão extraordinário seria meu desejo de ver tal esquema [...] E não apenas minha simples simpatia teórica [...] que me motiva a lhe pedir seu *Exposé*" (*in* Adorno & Benjamin: 147). E informando a Benjamin sobre os contatos mantidos em Londres com o responsável pela administração das finanças do Instituto de Pesquisa Social, Adorno escreve: "Pollock garantiu-me explicitamente que o Instituto continuará a sustentá-lo materialmente [...] O único ponto no qual insisti foi a solidariedade do Instituto em relação a você" (*in* Adorno & Benjamin: 147-148)[21].

---

[21] Como se sabe, foi Adorno quem defendeu a causa de Benjamin junto ao Instituto. Confirma isto o depoimento de Scholem: "Não se deve esquecer que, naquela situação, a oferta do Instituto, de garantir-lhe um mínimo de subsistência

Na oportunidade, Adorno informa ao amigo sobre as consequentes contrapartidas de trabalho propostas por Pollock, condições essas as quais "eu não pude contradizê-lo por saber como é irremediavelmente escasso o número daqueles com cuja força produtiva o Instituto pode contar". Ao considerar tais contrapartidas na forma de material teórico original a ser publicado pela revista do Instituto, Adorno escreve: "ele me falou de três planos: o ensaio sobre Fuchs, outro sobre a política cultural socialdemocrata antes da guerra e finalmente, para grande espanto meu, falou-me das *Passagens*" (*in* Adorno & Benjamin: 148).

Com o intento de assegurar o cumprimento dos compromissos sem prejudicar a continuidade do trabalho das *Passagens*, Adorno avisa ao amigo que tentou convencer Pollock de que seria mais conveniente, primeiramente, que fossem elaborados os ensaios mais longos, levando em conta "a incomparável vantagem que isso traria à própria revista como também [...] pela esperança de que esses trabalhos já estejam tão avançados que redigi-los – mesmo trabalhando nas *Passagens* – talvez não lhe custe demasiado esforço" (*in* Adorno & Benjamin: 149).

Como informação adicional, vale salientar as dificuldades financeiras vividas pelo Instituto durante muito tempo, motivo de constantes preocupações de Benjamin quanto à possibilidade de término do referido apoio, conforme ele mesmo assinala em carta de 14.03.1939, dirigida a Scholem: "Como me informa Horkheimer, o Instituto se encontra em gravíssimas dificuldades. Sem mencionar uma data, me prepara para o término da bolsa que desde 1934 custeia as minhas despesas" (*in* Adorno & Scholem: 19).

Ocorre que, para além da questão afetiva em si, a crença de Adorno no potencial do trabalho intelectual de Benjamin explica e justifica o empreendimento feito junto a tantas pessoas no intuito de possibilitar as condições mínimas para o sustento e a continuidade do trabalho

---

por seu trabalho, tinha de representar como que uma tábua de salvação e a execução dos trabalhos sugeridos pelo Instituto, uma necessidade vital. Não é possível imaginar o que seria dele em Paris sem a ajuda de Friedrich Pollock e Max Horkheimer – estimulada sem dúvida pela compreensão que tinha Adorno da produtividade e situação de Benjamin"; cf. Scholem, 1989: 196.

BREVIÁRIO DAS COLABORAÇÕES POR MEIO DO GÊNERO EPISTOLAR

do amigo, como registrado na mesma missiva de 20.05.1935: "permita-me falar abertamente e em nome de uma amizade que, ao menos nesse caso, crê poder reivindicar o direito de plena sinceridade", reafirmando, por oportuno, a posição privilegiada que a produção filosófica do amigo ocupa: "considero seu trabalho das *Passagens* não só o centro de sua filosofia, mas a palavra filosófica decisiva que hoje é capaz de encontrar expressão, *chef d'ouvre* ímpar e, portanto crucial em todos os sentidos – quer no sentido privado, quer no sentido público do sucesso" (*in* Adorno & Benjamin: 150).

Decerto, esse é o motivo pelo qual Adorno insiste em dizer ao amigo que "todo aviltamento das pretensões intrínsecas desse trabalho, e, portanto toda recusa de suas características peculiares, parece-me catastrófico e francamente irreparável" (*in* Adorno & Benjamin: 150-151). Apesar de sabedor das inúmeras dificuldades que o amigo encontra para dar consequência às tarefas de seu trabalho, mesmo assim, Adorno não deixa de alertá-lo sobre esse fato, ainda que de modo mais cuidadoso: "quer me parecer que, a despeito de como deva ser organizada a sua vida, nenhuma organização concebível tem o direito de exercer poder algum sobre esse trabalho" (*in* Adorno & Benjamin: 151).

E de fato, a importância seminal da obra das *Passagens* pode ser dimensionada através das próprias palavras de seu autor quando da resposta à carta de Adorno, enviada onze dias depois, em 31.05: "como você sabe, estou interessado, sobretudo na «história primeva do século XIX»" (*in* Adorno & Benjamin: 158), história essa muitas vezes delineada pelo próprio Benjamin como de feição filosófico-materialista, ou seja, uma abordagem filosófica da história levada a termo mediante a interpretação de suas condições materiais.

Ocorre que a magnitude da proposta parece muitas vezes não ter favorecido os próprios meios e condições para a sua realização a contento, devido às inúmeras dificuldades vividas por Benjamin tanto no âmbito objetivo quanto no subjetivo: "nesse trabalho vejo a razão principal, senão a única, para não desanimar da luta pela existência. Só posso escrever o trabalho do começo ao fim aqui em Paris [...] Minhas exigências financeiras mínimas em Paris montam a mil francos por mês". Assim, Benjamin se reporta ao amigo, informando sobre a necessidade tanto do aumento quanto da manutenção deste valor a ser pago pelo Instituto: "Pollock me pôs essa quantia à disposição em maio, e espero receber o mesmo para junho". E complementa, demonstrando preocupação quanto ao atendimento de seu pleito nos termos referidos: "tribulações já se fazem notar o suficiente; frequentes e violentos ataques de enxaqueca me tornam patente a precariedade de meu modo de vida" (*in* Adorno & Benjamin: 158).

Nos meses que se seguem, o trabalho das *Passagens*[22] continua sendo interrompido por tantos e mais motivos quanto até então havia sido, considerando entre eles os compromissos de trabalho assumidos junto ao próprio Instituto, o que leva Horkheimer, a pedido de Adorno, a aumentar em definitivo o valor da bolsa paga a Benjamin, conforme assinala a correspondência entre ambos.

Assim é que em 26.01.1936 Adorno escreve a Horkheimer, retomando o assunto com vistas à sua resolução: "falamos em mil francos – é indelicado se lhe recordo a soma? Como por enquanto ele está incapacitado de ganhar algo, além disso, com menos será impossível ele viver em Paris, ainda que com a mais drástica economia" (*in* Adorno & Benjamin: 202). Tendo Horkheimer concordado com o aumento do auxílio dado pelo Instituto, Benjamin, em 07.02, comunica a Adorno: "posso dizer que desta vez as conversas e arranjos com

---

[22] Cabe mencionar a argumentação balizada de Tiedemann na Introdução da obra: "se tivesse sido concluída, as *Passagens* não teriam sido nada menos do que uma filosofia material da história do século XIX". Em resumo, ainda segundo as esclarecedoras reflexões do editor: "Os fragmentos das *Passagens* propriamente ditas podem ser comparados ao material de construção de uma casa da qual apenas demarcou-se a planta ou se preparou o alicerce [...] Uma vez que uma simples leitura não permitiria compreender as intenções de Benjamin, um estudo das *Passagens* teria então que levar em consideração o ensaio sobre a obra de arte, os textos dedicados a Baudelaire e as teses 'Sobre o Conceito de História', tê-los sempre em mente, mesmo que estes sejam perfeitamente independentes, representando meramente escritos que antecipam a obra ou que dela se originam", cf. Tiedemann – Introdução à edição alemã (1982) *in* Benjamin, 2018: 15.

Max consumaram o fim a que por tanto tempo aspiraram meus mais urgentes desejos e sua ativa amizade" (*in* Adorno & Benjamin: 202).

Buscando dar consequência às contrapartidas devidas ao Instituto sob a forma de trabalhos inéditos, Adorno, em carta de 28.05 daquele ano, assim se dirige a Benjamin: "em minha última carta a Max sugeri a ideia de um ensaio fundamental sobre Baudelaire e a teoria social do neorromantismo [...] Claro que sugeri você para a tarefa – sobretudo porque, calculo, isso cairia como uma luva no contexto das *Passagens*" (*in* Adorno & Benjamin: 218). E ao final, pedindo notícias e procurando se informar sobre o andamento daquele principal e mais importante projeto do amigo, Adorno escreve: "queira por gentileza responder-me em breve e informe-me, em particular, o estado em que se encontram suas *Passagens*" [23] (*in* Adorno & Benjamin: 219).

Como resposta, em 04.06, Benjamin, acatando com entusiasmo a possibilidade de desenvolver o trabalho, assegura ao amigo que "interessam-me extremamente, como você pode imaginar, suas sugestões sobre um estudo conjunto sobre Baudelaire [...], mas já não vejo com tanta clareza qual o papel da «teoria social do neorromantismo»", ressalva essa pela qual ele solicita maiores esclarecimentos, ainda que por carta. Na oportunidade, ao fim da correspondência, Benjamin

---

[23] Comentando sobre o projeto das *Passagens*, Adorno escreve a Horkheimer, em carta de 08 de junho de 1935: "[...] Agora a questão é, se Benjamin realmente escrever esse trabalho, será impossível a ele fazer outras coisas ao mesmo tempo. Esse trabalho requer completa dedicação. Se realmente tivesse que escrever agora *Fuchs* e o *Tempo Novo* como meio de subsistência, isso significaria um adiamento das *Passagens* por tempo indeterminado e quem sabe até se algum dia ele acabaria realizando-o. Mas considero que este trabalho é uma contribuição teórica tão extraordinária que creio, não poderíamos deixar de nos responsabilizar por não tentarmos de tudo ao depararmo-nos com uma força produtiva dessa magnitude", *in* Gretel & Benjamin: 247. Por sua vez, Benjamin escreve a Scholem, em carta de 29 de março de 1936: "O grande livro foi posto de lado em favor do novo trabalho, que está estreitamente vinculado àquele quanto ao método, mas não de todo no que diz respeito ao objeto. Antes de retomá-lo mais uma vez, deverei escrever um curto estudo sobre Nicolai Leskov, que prometi a mim mesmo produzir. Mais uma vez pus o *Fuchs* de lado"; cf. Scholem, 1989: 199.

comunica ao amigo que recentemente escrevera um trabalho sobre Leskov que "sem pretender o mais remoto alcance dos meus trabalhos sobre teoria da arte, revela alguns paralelos com a tese do «declínio da aura», na medida em que a arte pode chegar a seu termo" (*in* Adorno & Benjamin: 223), referindo-se, ao mesmo tempo, aos ensaios *O Narrador: considerações sobre a obra de Nicolai Leskov*, assim como aquele da reprodutibilidade técnica.

Cinco meses após, tratando ainda das contrapartidas em questão, em carta a Benjamin datada de 15.10, Adorno, ao mencionar os trabalhos demandados ao amigo para a revista do Instituto, escreve: "e as *Passagens*, foram finalmente retomadas ou postas de lado em benefício do velho *Fuchs*?" (*in* Adorno & Benjamin: 239-240), referindo-se ao já citado ensaio *Eduard Fuchs, historiador e colecionador*, encomendado por Horkheimer e publicado em 1937 no volume 6, número 2, da revista do Instituto[24].

Entre outras tantas correspondências, as quais os interlocutores discutem amplamente os trabalhos um do outro, vale destacar uma carta em especial, enviada um mês antes, na qual Adorno aventa a possibilidade de um encontro entre eles na capital francesa, sendo este um compromisso há muito almejado por ambos. Assim é que Adorno comunica ao amigo, em carta datada em 06.09.1936, enviada de Berlim quando da visita à sua então noiva Gretel: "há a possibilidade de eu estar em Paris no início de outubro, mais precisamente entre os dias 4 e 8 ou 9; mais que isso será inviável, pois preciso irrevogavelmente

---

[24] Com vistas à publicação no sexto volume de *Zeitschrift für Sozialforschung*, de 1937, o ensaio foi publicado juntamente com escritos de Erich Fromm (*Zum Gefühl der Ohnmacht*), Paul Lazarsfeld (*Some Remarks on the Typological Procedures in Social Research*), Herbert Marcuse (*Über den affirmativen Charakter der Kultur*), Raymond Polin (*Litterature recente sur le corporatisme*), Paul Sering (*Zu Marshalls neuklassischer Ökonomie*), Leo Löwenthal (*Knut Hamsun. Zur Vorgeschichte der autoritären Ideologie*) e dois escritos de Raymond Aron (*La Sociologie de Pareto e Troisième Centenaire du Discours de la Méthode*), entre outros, incluindo três trabalhos do próprio Horkheimer (*Der neueste Angriff auf die Metaphysik, Traditionelle und kritische Theorie e Philosophie und kritische Theorie*), sendo o último em conjunto com Marcuse.

aceitar o convite de Oxford para o dia 11" (*in* Adorno & Benjamin: 229-230).

Sobre uma correspondência enviada por Adorno em 24.09, que não subsistiu, Benjamin se reporta três dias após, de San Remo: "respondo-lhe na imediata volta do correio para que não haja mais incerteza sobre nosso encontro. Ele me parece importante demais para divisar a hipótese de outro adiamento" (*in* Adorno & Benjamin: 233). Ocorre que para aquela data Benjamin havia combinado receber na cidade italiana a visita do filho de dezoito anos, motivo pelo qual teve que adiá-la de modo a não inviabilizar seu encontro com Adorno, conforme relatado na correspondência: "ajustei, portanto com Stefan, com o aval de minha mulher, que ele virá nos visitar no Natal, e não agora. Isso me possibilita estar em Paris no dia 4 de outubro. Chegarei às 22h50 na Gare de Lyon" (*in* Adorno & Benjamin: 233-234).

E de fato, naquele período Adorno viaja a Paris permanecendo seis dias na capital francesa, mais especificamente entre os dias 04 a 10.10, oportunidade essa que parece ter aproximado ainda mais os amigos[25]. Em seu retorno, Adorno escreve a Benjamin comemorando o encontro: "gostaria mais uma vez de agradecer-lhe de todo o coração por tudo o que essa semana trouxe consigo. O leque de perspectivas que ela abriu é o equivalente exato do calor humano no qual ela transcorreu. Sei que devo ambos a você" (*in* Adorno & Benjamin: 235).

Com entusiasmo, Benjamin responde, quatro dias após, em 19.10: "muito obrigado por sua carta. O que mais me deliciou nela foi o eco das nossas jornadas em Paris", ressaltando que aqueles "foram dias que levaram a pleno remate coisas preparadas havia muito", fato esse que parece confirmar o aprofundamento da relação conforme citado acima. Ainda, em suas palavras, Benjamin reitera: "para mim isso

---

[25] Em carta a Horkheimer, Benjamin descreve os encontros com Adorno, nos seguintes termos: "No isolamento em que me encontro, e que não diz respeito somente à minha pessoa, mas também a meu trabalho, estas visitas de Adorno são duplamente valiosas para mim. De sua última estadia aqui, resultaram algumas discussões que permanecerão por muito tempo em nossa memória"; *in* Gretel & Benjamin: 306.

assumiu tanto mais peso na medida em que a confirmação mútua que um encontrou nas ideias do outro seguiu-se a uma separação que parecia pôr em dúvida, não digo já a nossa amizade, mas a sintonia recíproca de nossas ideias" (*in* Adorno & Benjamin: 241).

Confirma isso o fato de, um mês após a estada de Adorno em Paris, Benjamin ter revelado ao amigo a necessidade de sua imediata ida a Viena em socorro do filho acometido de sérios problemas mentais, fato esse já do conhecimento anterior de Adorno[26], como assinalado na correspondência de 05.11: "com relação ao comportamento de meu filho, começa infelizmente a tomar forma aquele quadro que só lhe revelei na forma de um vago receio [...] Seja como for, ele não é mais capaz de responder pelos próprios atos". Na oportunidade, Benjamin solicita o apoio do amigo no tocante a indicações de pessoas que eventualmente possam lhe ajudar na capital austríaca, uma vez que lá ele não tinha nenhum contato, citando nominalmente um velho amigo de Adorno: "eu lhe seria assim muito grato se você pudesse me franquear algumas portas enviando um bilhete a Krenek ou a quem mais lhe parecer apropriado" (*in* Adorno & Benjamin: 245), referindo-se ao conhecido compositor discípulo de Franz Schreker e adepto da escola dodecafônica de Schoenberg, Ernst Krenek.

Dois dias depois, Adorno, da cidade inglesa de Oxford, responde: "sua carta me deixou bastante apreensivo, por menos que ela pudesse me surpreender depois do que você me contou em Paris", confidência essa que confirma o mencionado aprofundamento da amizade entre ambos à época. Na ocasião, Adorno pondera: "mesmo se o caso de Stefan envolver mais que uma neurose, isso não é motivo de desespero. Enfermidades psicóticas desse tipo frequentemente se manifestam em gente da idade dele [...], para então desaparecer sem sequelas" (*in* Adorno & Benjamin: 246), procurando de fato tranquilizar o amigo.

Em atenção à solicitação feita por Benjamin, Adorno – justificando que dois de seus amigos mais próximos "Kolisch e Steuermann, estão

---

[26] Em carta de 29 de novembro de 1936, Adorno escreve a Horkheimer relatando que Stefan parecia apresentar sintomas iniciais de esquizofrenia.

ambos nos Estados Unidos" (*in* Adorno & Benjamin: 247-248) –, concorda com a sugestão do amigo, reconhecendo que "o contato com Ernst Krenek parece o mais frutífero". E ao fornecer a Benjamin o endereço e telefone do compositor em Viena, ressalta que "ele o receberá com todas as honras e com certeza lhe será de extrema ajuda em todos os aspectos" (*in* Adorno & Benjamin: 248).

Em tempo, Adorno sugere também os contatos do discípulo e antigo secretário de Alban Berg, Willi Reich, assim como de Helene Berg e Alma Mahler – viúvas dos compositores – e do amigo jornalista Soma Morgenstern, todos conhecidos do período vivido por Adorno na capital austríaca, em 1925. Ao informar que Willi Reich "é uma pessoa enternecedora, familiarizado com seu nome" e que com Helene Berg "é imprescindível travar conhecimento", Adorno adverte, no entanto, que em relação à Alma Mahler, o amigo "depositará menos importância" (*in* Adorno & Benjamin: 248). Na ocasião, lembra-se de indicar também o nome da pintora Marie-Luise Motesiczky, procurando assim orientar Benjamin em termos de prioridades.

Curiosamente, Adorno recomenda um outro nome, sendo esse, por assim dizer, verdadeiramente inusitado: Freud. "Por menos que se possa esperar resultado de uma conversa com ele, valeria muito a pena ver o ancião na idade mais avançada que destruiu a imagem do pai. Eu próprio não tenho relação direta com ele, mas Max poderá lhe franquear as portas" (*in* Adorno & Benjamin: 248-249), referindo-se a Horkheimer. Mas, provavelmente, pondo os pés no chão, em seguida Adorno lembra ao amigo que "talvez seja de se considerar para o exame de Stefan um dos sobrinhos de Gretel, que dizem ser um excelente médico" (*in* Adorno & Benjamin: 249), uma vez que essa seria uma recomendação mais palpável.

Em 28.11, não tendo recebido notícia do amigo até então, Adorno, de Oxford, lhe escreve dizendo de sua grande preocupação, referindo-se, inclusive, à possibilidade de piora das condições de saúde de Stefan: "entrei simultaneamente em contato com Krenek e o Dr. Reich para inteirá-los do fato. Não apenas não recebi notícia sua, mas eles também (inclusive Gretel, até onde sei) estão sem novas de sua parte [...] Peço-lhe cordialmente que me dê sinal de vida, nem que seja apenas por meio de postal" (*in* Adorno & Benjamin: 250-251).

Quatro dias depois, Benjamin envia uma correspondência da cidade italiana de San Remo, na qual menciona o fato de que "você com certeza estará se perguntando há tempos por que não acusei o recebimento nem lhe agradeci por sua carta de 7 de novembro. Era para você recebê-lo antes, este agradecimento pela preocupação e pelas considerações tão ponderadas que ela contêm" (*in* Adorno & Benjamin: 252-253).

Ao registrar suas desculpas, Benjamin justifica o motivo de seu silêncio informando não ter ido a Viena como havia previsto: "minha mulher queria pôr em pratos limpos algumas dificuldades pessoais com Stefan e pressionou-me por um encontro na Itália [...] Seguiram-se duas semanas das mais extenuantes e difíceis para mim". E, na ocasião, informa a Adorno que "uma grande dificuldade é a questão da consulta médica. Bernfeld fixou residência em Menton, mas no momento está ausente" (*in* Adorno & Benjamin: 253). Ainda, entre outras considerações, Benjamin comunica ao amigo sua volta a Paris no fim de semana e que deve retornar novamente a San Remo, ao encontro do filho, à época do Natal.

Quase dois meses após, já passado o ano de 1936, Benjamin, de Paris, escreve novamente a Adorno, desta vez no dia 29.01.1937, informando que "a situação infelizmente é sombria", ao referir-se à dificílima condição de saúde em que se encontrava seu filho, impossibilitado, inclusive, de concluir os estudos colegiais. E ainda mais: "sua permanência em Viena é impossível; sua permanência em San Remo, não menos. Mas igualmente contra Paris pesam boas razões. No momento me é impossível enxergar as coisas com clareza [...] É aconselhável em tais períodos entregar-se ao trabalho" (*in* Adorno & Benjamin: 255).

Por fim, Benjamin comunica ao amigo: "dei início ao texto sobre Fuchs. Mas creio que levarei mais três semanas para concluí-lo" (*in* Adorno & Benjamin: 256). E finaliza a carta agradecendo-lhe por uma remessa bancária. Passado um mês, no dia 01.03, informa novamente

BREVIÁRIO DAS COLABORAÇÕES POR MEIO DO GÊNERO EPISTOLAR

a Adorno que "depois que atingiu seu estágio crítico, a redação do trabalho sobre Fuchs não tolera a meu redor nenhum outro objeto" (*in* Adorno & Benjamin: 258).

Por sua vez, Adorno, ao final de uma correspondência encaminhada anteriormente, em 17.02, tratando de questões relacionadas a trabalho, registra: "desejo-lhe tudo de bom, sobretudo no que se refere a Stefan. Creio que verei Bernfeld nessas próximas semanas; se você quiser que eu participe algo a ele, basta me dizer" (*in* Adorno & Benjamin: 258), sem ter, no entanto, nenhuma resposta[27].

Sobre o filho, Benjamin só voltará a se referir cinco meses depois, em carta de meados de julho enviada de San Remo, quando registra: "nesses últimos dias chegou uma carta de Stefan que nos dá a entender que ele só poderá chegar em 4 de agosto. Isso elimina minha esperança de vê-lo antes de regressar a Paris. De outro lado, porém, realmente não posso perder a oportunidade de falar com ele" (*in* Adorno & Benjamin: 304-305), referindo-se ao fato de que terá obrigatoriamente de voltar a San Remo após sua participação na conferência do congresso dos positivistas lógicos, acontecido na capital francesa de 29 a 31 de julho daquele ano: "nada mais me resta a não ser retornar para cá depois do congresso. A dupla viagem naturalmente pesa na balança" (*in* Adorno & Benjamin: 305).

Em junho daquele mesmo ano, Benjamin reportando ao amigo o acerto financeiro definido junto ao Instituto, informa que "Max e Pollock estão de acordo em que 1.500 francos são insuficientes como auxílio mínimo para quem está diante da tarefa que o Instituto está

---

[27] Procurando resolver o problema de saúde emocional de seu filho Stefan, Benjamin busca a ajuda profissional de Siegfried Bernfeld (1892-1953), psicanalista e pedagogo de ascendência judaica. Em Viena, Bernfeld, que compôs a primeira geração de psicanalistas ao aderir ao grupo ligado a Freud, torna-se um dos fundadores da moderna pesquisa comportamental de jovens (*Jungendforschung*). A fundamentação de seu trabalho teórico e prático visou um campo interdisciplinar de ação, estabelecendo conexão direta entre psicanálise, pedagogia e sociologia. Bernfeld contribuiu para periódicos e revistas alemãs como *Der Jude*, de Martin Buber e, também, junto a Benjamin, para a revista política *Der Anfang*.

THEODOR ADORNO & WALTER BENJAMIN: EM TORNO DE UMA AMIZADE ELETIVA

disposto – para sorte minha – a atribuir-me" (*in* Adorno & Benjamin: 291). E ao reconhecer que a interferência de Adorno foi determinante para tal solução, complementa: "você não precisa demonstrar sua solidariedade por mim. Que ambos saibamos disso, e que um saiba que o outro sabe disso, é o que mais importa, agora que é patente o peso todo particular que cabe às suas palavras em meus assuntos" (*in* Adorno & Benjamin: 292).

Em 02.07, Benjamin recebe de Adorno a resposta de que "há firme intenção de fazer tudo o que for possível no seu caso" (*in* Adorno & Benjamin: 293), reiterando, ao mesmo tempo, que, como contrapartida, "mais importante no momento é a sua própria colaboração mais intensa na seção de resenhas. Seria a princípio desejável, e muito, se você escrevesse mais resenhas" (*in* Adorno & Benjamin: 295).

Oito dias após, o assunto das *Passagens* volta à baila, oportunidade essa em que Adorno é informado sobre a necessidade de o trabalho ser mais uma vez postergado devido a outros compromissos assumidos por Benjamin, incluindo um texto sobre Baudelaire: "o plano de tanto peso para nós dois, lançar logo mão dos fundamentos epistemológicos das *Passagens*, fica assim adiado em sua realização" (*in* Adorno & Benjamin: 300). E ainda, três meses depois, Benjamin informa ao amigo que "do jeito que correram as coisas nas últimas semanas, não esperem notícias sobre o «Baudelaire», sobre as *Passagens*. E por sorte surgiu na ordem do dia um trabalho mais premente" (*in* Adorno & Benjamin: 322).

Passados oito meses – período este em que Adorno se traslada aos Estados Unidos a fim de colaborar com o projeto *Princeton* de pesquisa sobre o rádio[28], coordenado por Paul Lazarsfeld[29] –, em

---

[28] O projeto financiado pela Fundação Rockefeller sobre Sociologia e Psicologia associado à Comunicação –sediado em Princeton, passando posteriormente para a *Columbia University* –, originalmente denominado *"The essencial value of radio to all types of listeners"*, ficou mais conhecido como *Princeton Radio Research Project*.

[29] O sociólogo austríaco Paul Felix Lazarsfeld (1901-1976) – membro do movimento socialista vienense, agraciado com o título de "fundador da moderna

BREVIÁRIO DAS COLABORAÇÕES POR MEIO DO GÊNERO EPISTOLAR

08.06.1938, reportando-se aos compromissos assumidos por Benjamin junto à revista do Instituto, Adorno questiona o amigo nos seguintes termos: "há muito sem notícias suas, escrevo-lhe hoje para lhe dirigir um pedido: e dos mais óbvios. Que você termine o «Baudelaire» de modo a que ele chegue a tempo para ser incluído no próximo número" (*in* Adorno & Benjamin: 366).

Como resposta, em 19.06, Benjamin argumenta que passou por momentos difíceis, acometido por longos períodos de enxaquecas crônicas: "a coisa toda obviamente pouco contribuiu para o avanço do meu trabalho; vou me esforçar com todo o empenho para recuperar na Dinamarca o tempo perdido. Viajo depois de amanhã" (*in* Adorno & Benjamin: 375).

A propósito, na mesma correspondência, Benjamin disserta longamente a respeito do ensaio *Fragmentos sobre Wagner* (*Fragmente über Wagner*) enviado a ele por Adorno no começo de fevereiro daquele ano. Ao iniciar sua consideração sobre o trabalho do amigo, afirmando que "seu retrato de Wagner é absolutamente convincente, da cabeça aos pés" (*in* Adorno & Benjamin: 370), e que, "os elementos individuais de sua crítica de Wagner derivam de uma concepção global que deve sua força persuasiva à autêntica assinatura histórica da sua reflexão" (*in* Adorno & Benjamin: 371), Benjamin, ao mesmo tempo, aponta criticamente aspectos que Adorno, posteriormente, em carta de 02.08, admite ser, sobre alguns deles, "obrigado a responder laconicamente pelo fato de não poder senão concordar com você" (*in* Adorno & Benjamin: 379). Segundo Benjamin, "uma obra como o «Wagner» não faltam precipícios e grutas dos quais os temas relevantes possam

---

sociologia empírica" –, havia chegado aos EUA em 1933 e já no ano de 1935 decidiu se estabelecer ali definitivamente. Entre os anos de 1937 e 1939 assume o cargo de diretor do Gabinete de Pesquisa Radiofônica (*Office of Radio Research*), desenvolvendo um trabalho em colaboração mútua com o Instituto de Pesquisa Social. No outono de 1937, por intermédio de Horkheimer, propõe a Adorno o cargo de diretor de música naquele projeto, cargo esse que possibilita garantir os recursos necessários tanto para a cobertura do translado da Inglaterra para os EUA quanto de seu sustento naquele país.

retornar na forma de eco. Por que não retornam?" (*in* Adorno & Benjamin: 372), argumento esse que remete a elementos de natureza claramente formais de concepção da escrita.

Em seguida, ao afirmar que a concepção de fundo do ensaio é uma concepção polêmica, Benjamin adverte que "o uso indiscriminado das categorias de progressivo e regressivo, cujo direito eu seria o último a cercear nas partes centrais do seu escrito, torna a tentativa de redimir Wagner extremamente problemática", alertando Adorno para a possibilidade de esse contexto vir a ser um prejuízo à própria estrutura teórico-musical do escrito. E conclui: "você com certeza não estará disposto a me contradizer se eu lhe disser que a redenção como tendência filosófica exige uma forma literária que – dizendo de modo canhestro (porque não sei formular melhor) – tem particular afinidade com a forma musical. A redenção é uma forma cíclica; a polêmica, progressiva" (*in* Adorno & Benjamin: 373).

A esse respeito, Benjamin recebe de Adorno a seguinte resposta: "como circunstância atenuante, gostaria em todo caso de deixar claro que não relacionei o tema da redenção de Wagner exclusivamente a seus traços progressivos, mas que acentuei sempre o enlace entre progressivo e regressivo" (*in* Adorno & Benjamin: 379-380).

Em relação ao ensaio «Baudelaire»[30], em 04.10.1938, Benjamin, reportando-se ao que viria a ser o artigo *Sobre alguns temas em*

---

[30] Um resumo desse processo foi publicado por Tiedemann na edição alemã das *Passagens* e aparece nos *Anexos* da edição brasileira da obra, a cargo de Willi Bolle, a saber: "Em abril de 1937, Benjamin recebeu de Max Horkheimer a proposta de escrever para a revista do Instituto de Pesquisa Social «um artigo materialista sobre Baudelaire» (GSV/2, 1158). Ora, o trabalho acabou ganhando as dimensões de um livro, o que Benjamin comunicou a Horkheimer em agosto de 1938 (p. 1167). Com efeito, o que ele enviou, em fins de setembro de 1938, foi «a segunda parte do livro sobre o Baudelaire» (p. 1167). O Instituto recusou a publicação por motivos teóricos e insistiu para que Benjamin reescrevesse o trabalho em forma de um *artigo*, o que ele, bolsista, do Instituto, acabou fazendo. Esse texto foi entregue em 1º de agosto de 1939 e publicado em janeiro de 1940 na *Zeitschrift für Sozialforschung*, sob o título «Sobre Alguns Temas em Baudelaire». Paralelamente, como o atesta a versão francesa do *exposé* «Paris, Capitale du

Baudelaire (*Über einige Motive bei Baudelaire*), revela ao amigo: "oito dias atrás eu estava dando os retoques finais na segunda parte do «Baudelaire»; dois dias mais tarde a situação europeia teve um *dénoument* provisório", referindo-se ao avanço das tropas alemãs sobre a Tchecoslováquia: "extrema foi a minha tensão nas últimas semanas pela colisão dos prazos históricos com os editoriais" (*in* Adorno & Benjamin: 394).

Um mês depois, concluído o ensaio, Adorno escreve ao amigo, em nome do Instituto, felicitando-o pela tarefa cumprida com êxito de prazo: "não via a hora de o «Baudelaire» chegar, e literalmente devorei-o. Estou cheio de admiração pelo fato de você ter sido capaz de concluí-lo a tempo" (*in* Adorno & Benjamin: 399). Ainda assim, é de salientar os aspectos críticos ao texto elencados por Adorno, sendo possível resumi-los sob a seguinte formulação: "reputo metodologicamente infeliz dar emprego «materialista» a patentes traços individuais da esfera da superestrutura ligando-os de maneira imediata, e talvez até causal, a traços análogos da infraestrutura" (*in* Adorno & Benjamin: 402).

Em resumo, ao criticar uma por assim dizer transposição imediata de aspectos da objetividade econômica a contextos subjetivos específicos, conforme alinhavado por Benjamin, Adorno chama a atenção para o fato de que "a determinação materialista de caracteres culturais só é possível se mediada pelo processo total" (*in* Adorno & Benjamin: 403), significando dizer, em outras palavras, que aquilo que a cultura

---

XIXe Siècle», enviada a Horkheimer em março de 1939, Benjamin mostrou-se disposto a retomar o trabalho nas *Passagens* stricto senso. O Instituto, contudo, o deixou agora à vontade para «concentrar toda a sua energia sobre o *Baudelaire*» (GS I/3, 1128). Tanto assim que Benjamin, no início de maio de 1940, sinalizou que iria «ocupar-se seriamente da continuação do *Baudelaire*» (p. 1133). Mas nessa altura ele já estava travando uma corrida contra um tempo implacavelmente adverso. Com o desencadeamento da II Guerra Mundial, a fuga de Benjamin de Paris em junho de 1940 e sua morte, em setembro do mesmo ano, a obra ficou definitivamente inconclusa"; cf. Bolle *in* Benjamin, 2018: 1515.

tem de social só pode ser expresso de modo eficaz sob a forma da mediação.

Às críticas formuladas por Adorno se segue um longo debate no qual Benjamin, em carta de 09.12, contra-argumenta de forma igualmente profunda. Para o exame desse conteúdo, vale certamente a leitura do material em sua integralidade, tendo como certo a profundamente igual paixão intelectual que motiva ambos os amigos, sob a forma mais sincera e construtiva possível.

Também é certo que entre variadas considerações de igual importância formuladas pelos pensadores na correspondência que daí prossegue, importante, entre outras, ressaltar a carta datada em 23.02.1939, na qual Benjamin, reportando-se às correspondências trocadas em 1935, nos dias 20.05, 05.06, bem como em 02, 04 e 05.08, registra: "tendo estudado sua última carta, meu primeiro impulso foi retornar ao expressivo calhamaço que possuo sobre seus comentários às *Passagens* [...] Verifiquei que os fundamentos não ruíram e que permanecem intactos" (*in* Adorno & Benjamin: 435).

Por sua vez, em carta de 21.11.1939, Adorno, informando ao amigo sobre os ultimados procedimentos para a publicação do artigo sobre o «Baudelaire», no número 39/40 da revista do Instituto, afirma seu comprometimento com o trabalho ao assinalar que "fiz o sumário alemão e a tradução inglesa – queira, por favor, verificar a tradução francesa desse resumo, que ainda não me satisfaz" (*in* Adorno & Benjamin: 447). Esse compromisso é aprofundado três meses após, em correspondência datada em 29.02.1940: "se por vezes tive consciência pesada pela minha insistente critiquice, essa consciência pesada transformou-se então em vaidoso orgulho, e o culpado disso é você próprio, tão dialeticamente está hoje orientada nossa produção" (*in* Adorno & Benjamin: 448).[31]

---

[31] No que diz respeito às pseudo-acusações de que Adorno teria "censurado" o referido trabalho, Scholem declara que "as controvérsias em torno do texto que ele [Benjamin] depois produziu e me mandou no começo de 1939, solicitando a minha opinião, desempenharam um papel considerável na literatura sobre

BREVIÁRIO DAS COLABORAÇÕES POR MEIO DO GÊNERO EPISTOLAR

Em carta de 07.05 daquele ano, Benjamin escreve ao amigo: "claro que fiquei (e estou) muito feliz com sua opinião a respeito do meu «Baudelaire» [...] Reli as passagens sobre a audição regressiva a que você aludiu e constato a harmonia na tendência de nossas investigações" (*in* Adorno & Benjamin: 456). E novamente se referindo ao texto *Sobre o fetichismo na música e a regressão da audição*, Benjamin admite que, "como não me sinto habilitado a tal parecer no campo da música, talvez não lhe caiba tomar de forma muito categórica meu juízo sobre seu ensaio. Seja como for, até onde posso ver, ele é a melhor coisa que você já escreveu" (*in* Adorno & Benjamin: 459-460).

Ao fim da correspondência, Benjamin interpela Adorno sobre uma "questão administrativa (ou mais que administrativa)" – como ele literalmente se refere – relacionada ao Instituto: "porque a revista do Instituto se mostra tão fria com tantas de minhas resenhas?" (*in* Adorno & Benjamin: 469), referindo-se especificamente às elaboradas para os livros *Filosofia e linguagem* (*Philosophie und Sprache*) e *Panorama ou visão do século XIX* (*Panorama, oder Ansichten vom 19. Jahrhundert*), respectivamente, dos autores Richard Hönigswald e Dolf Sternberger, às quais, ao que se sabe, nunca apareceram em qualquer publicação do Instituto.

Dois meses depois, na carta enviada por Adorno de Nova York, não consta qualquer resposta a essa questão. Adorno trata, no entanto, do assunto relacionado às tentativas de um visto para o amigo junto, entre outros, ao consulado dos Estados Unidos, conforme expresso na correspondência: "estamos fazendo de tudo para apressar sua imigração para o país. Você talvez receba um aviso diretamente do consulado em Marselha [...] Contudo, não nos limitamos a buscar trazê-lo para os Estados Unidos, mas estamos tentando também outros meios". Adorno refere-se, mesmo como alternativa temporária, a outros países próximos por motivos óbvios: "um deles é a tentativa

---

Benjamin, e algumas delas foram bastante injustas. Neste contexto, preciso dizer apenas que considero ridículas as acusações que aí foram assacadas contra Adorno e sua crítica"; cf. Scholem 1989: 214.

de «emprestá-lo» como palestrante convidado à Universidade de Havana", comunicando ao amigo a sua estada (e também de Gretel) naquela cidade durante todo o período do verão, "a fim, sobretudo, de poder cuidar de seus interesses" (*in* Adorno & Benjamin: 471).

Em tempo, ao informar sobre a volta de Horkheimer à Alemanha, Adorno comunica ao amigo: "Max pediu-me mais uma vez antes de partir que o assegurasse da sua amizade e inabalável solidariedade", aproveitando o ensejo para mencionar também que "Fritz está aqui e lhe manda as mais sinceras recomendações", referindo-se a Pollock. E ao fim da correspondência, em *post scriptum*, registra: "seria muito importante para nós que tivéssemos seu *curriculum vitae* com uma lista de suas publicações. Queira, por favor, enviá-los o mais rápido possível" (*in* Adorno & Benjamin: 472).

No dia 02.08.40, Benjamin – já em fuga, na tentativa de levar a termo sua saída da França ocupada – escreve ao amigo da cidade Occitana de Lourdes, revelando preocupação quanto ao futuro de seu trabalho – com exceção ao das *Passagens* –, informando, inclusive, ter conversado sobre o assunto também com Gretel: "falei com Felizitas acerca da enorme incerteza em que me encontro sobre meus escritos (é de temer relativamente menos pelos papéis dedicados às *Passagens* que pelos outros). Mas, como você sabe, comigo as coisas também não andam de outra forma" (*in* Adorno & Benjamin: 472-473). A referida exceção dizia respeito ao fato de Benjamin ter deixado aos cuidados do então bibliotecário, George Bataille, o conjunto dos manuscritos daquela obra, tendo o escritor o escondido na Bibliothèque Nationale de France (BnF).

Na mesma inquietante carta de 02.08, Benjamin, imerso em preocupações e temeroso por seu destino, se reporta ao amigo nos seguintes termos: "a total insegurança sobre aquilo que me reserva o dia seguinte, a hora seguinte, domina há várias semanas a minha existência", deixando clara a frágil condição emocional em que se encontrava naquelas circunstâncias. Ainda, em suas palavras, "estou condenado a ler cada jornal [...] como uma notificação endereçada a mim e a escutar em cada transmissão de rádio a voz de emissários fatídicos". É desse modo que Benjamin informa: "meus esforços para alcançar Marselha a fim de lá expor meu caso ao consulado foram em vão. Faz algum tempo que não se obtém transferências de domicílio para estrangeiros. Continuo assim na dependência do que vocês possam conseguir para mim de fora" (*in* Adorno & Benjamin: 473). E, citando a presença dos demais acompanhantes na viagem, revela, sem mencionar os nomes: "meu receio é que o tempo à nossa disposição seja muito mais reduzido do que supúnhamos" (*in* Adorno & Benjamin: 456), sendo conhecido o fim da história, conforme já descrito na fraterna e comovente carta, de 08.10.1940, encaminhada por Adorno a Scholem.

PARTE II

DA POSSIBILIDADE DE CONVERGIR NA DIFERENÇA

REPRODUÇÃO DA ARTE NA ERA DA REPRODUTIBILIDADE DA OBRA

Embora Benjamin tenha dado um enfoque positivo à discussão sobre a reprodutibilidade técnica da obra de arte[32] – como bem pon-

---

[32] A discussão em tela dizia respeito ao ensaio *A obra de arte na era de sua reprodutibilidade técnica*, publicado no número 5 da *Zeitschrift für Sozialforschung*, em 1936. Sobre seu processo de elaboração, existem, como se sabe, quatro versões deste trabalho. Descrito resumidamente, a primeira versão foi encaminhada a Horkheimer no outono de 1935, tendo sido a mesma por ele recusada uma vez que não atendia às diretrizes editoriais da Revista do Instituto. Ainda assim, em carta do dia 18 de setembro Horkheimer ressalta a importância do ensaio para a discussão estética da época, ao afirmar que "seu trabalho promete ser excelente", *in* Gretel & Benjamin: 264. Em resposta, Benjamin, em 16 de outubro, escreve: "Muito obrigado por sua carta de 18 de setembro [...] Provavelmente, o meu trabalho nunca esteve mais próximo de ser útil em termos públicos do que agora. Em sua última correspondência nada me foi mais encorajador do que o dito por você a esse respeito. Para mim, o valor do seu reconhecimento é proporcional à perseverança com que me apeguei a este projeto nos bons e nos maus momentos [...]", cf. *The correspondence of Walter Benjamin*: 508-509. Após os entendimentos mantidos com Horkheimer, Benjamin produz uma segunda versão do ensaio corrigida e modificada a partir das discussões realizadas por ambos. Em 27 de fevereiro de 1936, Benjamin remete uma cópia datilografada dessa segunda versão para o exame de Adorno, que responde a ele aproximadamente um mês depois, em carta datada de 18 de março. Em linhas gerais, Adorno, tendo em vista as diretrizes editoriais da Revista do Instituto, expõe nesta missiva sua discordância sobre o aspecto demasiadamente positivo atribuído por Benjamin à questão da

tuou Adorno – ainda assim, pode-se dizer que não escapa ao autor o entendimento crítico que assinala dialeticamente a tendência de declínio da arte na sociedade industrial, tendo em vista os processos tecnológicos de reprodução, bem como aquilo que resume a arte em sua imanência: a unicidade.

É sob esse ponto de vista que Adorno, em carta de 18.03.1936, registra seus apontamentos a respeito do trabalho do amigo: "concordo com você em que o elemento aurático da obra de arte está em declínio; e não somente, diga-se de passagem, pela reprodutibilidade técnica, mas antes de tudo pelo cumprimento de suas próprias leis formais «autônomas»" (*in* Adorno & Benjamin: 209). Essa observação se deveu à leitura da segunda versão do notório escrito de Benjamin, enviado a Adorno no mês de fevereiro em uma, ainda, cópia datilografada contendo "traços do trabalho de tradução"

---

técnica, pondo em cheque o próprio sentido crítico em que se baseia o ensaio, defendendo, em resumo, uma abordagem mais negativa dos conceitos utilizados pelo amigo. Nesse meio tempo é elaborada uma tradução dessa mesma versão para o francês, informação essa dada pelo próprio Benjamin que, reportando-se ao escritor e amigo Werner Kraft em carta do dia 30 de janeiro de 1936, discorre sobre os possíveis desdobramentos a serem adotados para aquele trabalho em um futuro ainda não definido: "Meu ensaio *A obra de arte na era de sua reprodutibilidade técnica* será publicado muito em breve em francês. Ele se encontra agora nas mãos de um tradutor considerado muito bom; mas as dificuldades serão extraordinárias até mesmo para ele. A questão de onde poderei publicar o texto alemão ainda não foi resolvida. Estou ocupado escrevendo algumas anotações para o ensaio", cf. *The Correspondence of Walter Benjamin*: 521. O tradutor a quem Benjamin se refere é Pierre Klossowski, ensaísta, romancista, filósofo, tradutor, pintor e ativista da Resistência, que havia conhecido Benjamin em 1935. A versão traduzida para o francês é orientada de perto pelo próprio Benjamin que seguia elaborando emendas ao texto de acordo com as diretrizes da Revista, discutidas desta vez não só com Horkheimer, mas também com Adorno. Para além dessa versão francesa que, aliás, foi a selecionada para publicação pelo Instituto, sabe-se que Benjamin, paralelamente, continuou fazendo correções e adendos ao texto até o ano de 1940, sendo essa, ao final, a versão mais conhecida e considerada a definitiva, publicada postumamente em 1955.

(*in* Adorno & Benjamin: 204), conforme o próprio Benjamin aponta na correspondência remetida em 27.02 daquele ano.

Na carta, Benjamin menciona o recebimento de dois ensaios de Adorno, elaborados por ocasião do falecimento do compositor Alban Berg: *Sobre a sinfonia Lulu* (*Zur Lulu – Simphonie*) e *Em memória dos vivos* (*Erinnerung an den Lebenden*)[33]. Ao referir-se ao segundo escrito como o "mais acessível em razão do tema mais familiar" (*in* Adorno & Benjamin: 204), Benjamin destaca a elaboração de uma frase do amigo: "«Ele [Berg] bateu a concorrência da negatividade do mundo com a desesperança de sua fantasia»", considerando tal elaboração como "verdadeiramente espantosa". No seu entender, aquelas palavras de Adorno haviam criado uma perspectiva que lhe trouxera "vivamente à memória o primeiro encontro com a música do Wozzeck" (*in* Adorno & Benjamin: 204-205).

Em seguida, Benjamin ressalta a cúmplice harmonia intelectual que caracterizou o relacionamento entre ele e Adorno: "quanto a outros de seus comentários, permita-me a ousadia de imaginar que, ao escrevê-los, você possa ter pensado vagamente em mim, sobretudo, claro, na alusão à «amizade do canibal»" (*in* Adorno & Benjamin: 205). Por certo, este é mais um exemplo que esclarece a mútua influência criativa exercida entre os amigos-colaboradores.

Tal cumplicidade intelectual é reafirmada por Adorno na citada carta de 18.03, ao referir-se à "construção dialética da relação entre mito e história", presente no ensaio sobre a reprodutibilidade técnica. Ao mencionar a passagem que trata da "autodissolução dialética do mito, que é visada aqui como desencantamento da arte" (*in* Adorno & Benjamin: 206), Adorno diz estar "de pleno acordo no tocante àquele aspecto". E lembra ao amigo: "você sabe que a questão da «liquidação da arte» está há muitos anos por trás dos meus ensaios estéticos [...] Não admira que tenhamos aqui uma base em comum; não me admira,

---

[33] Os dois ensaios foram publicados sob o pseudônimo de Hektor Rottweiler, nos números 24-25, da Revista de Música Vienense (*Einer Wiener Muzikzeitschrift*), em fevereiro de 1936.

visto que seu livro sobre o barroco traçou a distinção entre alegoria e símbolo" (*in* Adorno & Benjamin: 206-207), referindo-se, também, ao caráter aurático nos escritos de ambos.

Alinhando convergências, Adorno menciona também um artigo seu sobre Schoenberg, *O compositor dialético*, publicado em 1934, no qual considera ter "avançado sobre certas proposições sobre tecnologia e dialética e sobre a relação cambiante com a técnica", ideia reforçada por ele como estando "em plena consonância" com as de Benjamin (*in* Adorno & Benjamin: 207).

Vale assinalar também o conteúdo crítico que Adorno desenvolve na longa epístola ao apontar as principais divergências em relação ao ensaio do amigo, "seguindo o antigo método de crítica imanente", estabelecido entre os dois. Sob esse ponto de vista, argumenta que Benjamin, em escritos anteriores, "distinguiu o conceito de obra de arte como estrutura tanto do símbolo da teologia como do tabu mágico". Mas, a partir daquele ensaio, ele percebe com "certa inquietação" o fato de o amigo ter "transferido a esmo o conceito de aura mágica à «obra de arte autônoma» e atribuído categoricamente a esta uma função contrarrevolucionária" (*in* Adorno & Benjamin: 207), insinuando a influência de Brecht em tal formulação.

Sob essa mesma ótica, Adorno lembra a Benjamin o fato de que ninguém estaria mais de acordo com ele, ao referir-se ao cinema *kitsch* contra o de «*niveau*», argumentando que por princípio a *l'art pour l'art* precisaria ser igualmente defendida contra a unanimidade que atribui a ela uma não funcionalidade. E reportando-se à questão da arte imanente em si, autônoma em sua determinação própria, menciona em sentido oposto o *Jugendstil* e a obra de Brecht, como tendências utilitárias na arte.

Ao afirmar que "se algo possui um caráter aurático, esse algo é o filme no grau mais alto e obviamente mais suspeito", Adorno, opondo--se ao princípio de politização da arte, levado a termo por uma ideia de «frente unida», complementa: "a ideia de que o reacionário vire vanguardista por conhecer a fundo os filmes de Chaplin parece-me pura romantização" (*in* Adorno & Benjamin: 211).

REPRODUÇÃO DA ARTE NA ERA DA REPRODUTIBILIDADE DA OBRA

Pode-se dizer, então, que o conjunto das críticas a Benjamin desenvolvidas por Adorno se resume pela sentença: "o que eu postularia, portanto, é mais dialética", conforme explicitado em suas próprias palavras: "de um lado, uma penetração dialética da obra de arte «autônoma», que transcende rumo à obra planejada em virtude de sua própria tecnologia; do outro, uma dialetização ainda mais forte da arte utilitária em sua negatividade" (*in* Adorno & Benjamin: 212), sendo esse um postulado que opõe frontalmente à arte funcional a autonomia de uma arte liberta da condição utilitária e dependente.

Adorno, ainda, observa que o amigo "subestima a tecnicidade da arte autônoma e superestima a dependente". Em suas palavras, "essa seria talvez a minha principal objeção. Mas que ela seja entendida como uma dialética entre os extremos, que você rasga em dois" (*in* Adorno & Benjamin: 212). Assim, Adorno delimita o campo divergente de sua análise, caracterizado pelo primado da reprodução sobre a produção.

Ao fim da missiva, Adorno registra mais um dos tantos exemplos da notável influência que o trabalho de Benjamin exerceu sobre o seu, tanto na esfera da arte quanto na da política, conforme assinalado por ele mesmo: "não posso concluir, porém sem lhe dizer que suas poucas frases sobre a desintegração do proletariado como «massa» por intermédio da revolução são as mais profundas e poderosas da teoria política com que deparei desde que li «Estado e revolução»" (*in* Adorno & Benjamin: 214), referindo-se ao conhecido ensaio de Lenin, de 1917.

Como resposta, em correspondência de data incerta, Benjamin escreve: "muitíssimo obrigado por sua longa e instrutiva carta do dia 18. Ela abriu uma série de perspectivas cuja investigação conjunta convida tanto à conversa quanto se revela avessa a uma troca epistolar de ideias" (*in* Adorno & Benjamin: 215), deixando entrever uma relação intelectual como poucas.

Passados três meses, em 30.06 daquele ano, Benjamin, por sua vez, tendo recebido de Adorno a prova de um ensaio sobre o jazz, menciona, entre outros, o caráter de "perfeita liberdade no processo criativo" da escrita do amigo, expresso na forma de abordar o assunto em si. E complementa: "uma liberdade cuja prática em ambos os nossos casos serve de prova material da concordância profunda de nossos pontos de vista" (*in* Adorno & Benjamin: 228). Com isso, Benjamin assinala mais uma vez o contributo da reflexão de ambos, desta feita mediada pela convergência de pontos de vista sobre manifestações que em si guardam diferenças estruturais relativas às dinâmicas temporal e espacial na arte: "a sua interpretação da síncope no jazz ajudou-me a esclarecer o complexo do «efeito do choque» no filme" (*in* Adorno & Benjamin: 228), referindo-se a aspectos adstritos especificamente às esferas sucessiva e simultânea inerentes a ambas as expressões.

Reconhecido por Benjamin como um assunto por assim dizer de rara abordagem, é sob esse prisma que o filósofo conclui sua argumentação, acentuando tanto a presença incomum do tema no âmbito da discussão estética quanto a afinidade da interpretação teórica dos amigos sobre o assunto: "em geral, parece-me que nossas respectivas investigações, tal como dois holofotes direcionados de direções opostas sobre o mesmo objeto, revelam o contorno e a dimensão da arte contemporânea de maneira mais inteiramente original e muito mais significativa" (*in* Adorno & Benjamin: 228).

Em 06.09.1936 Adorno escreve ao amigo fazendo referência à leitura de uma cópia datilografada, enviada a Gretel, do hoje conhecido ensaio *O Narrador*[34], reportando-se ao trabalho nos seguintes termos: "em primeiro lugar, só posso expressar a mais plena concordância com a sua perspectiva histórico-filosófica de que o narrar não é mais possível. Esse é um pensamento que me é familiar" (*in* Adorno & Benjamin: 231). Contudo, Adorno assinala uma diferença de perspectiva, abordando um dos aspectos discordantes do escrito: "todos os pontos nos quais, apesar da nossa mais fundamental e concreta

---

[34] O ensaio, publicado no ano de 1936, foi escrito por encomenda da Revista *Orient und Occident*, periódico temático filosófico-religioso, criado em 1929, que tinha como proposta estabelecer um fórum de debate entre autores alemães e russos.

concordância em outros assuntos, difiro de você podem ser resumidos e caracterizados sob a rubrica *materialismo antropológico*, de que não sou um dos sequazes" (*in* Adorno & Benjamin: 231), apontando sempre para o caráter convergente das diferenças.

Ao mesmo tempo, Adorno aborda o tratamento dado no ensaio à questão da autonomia estética, dimensionando-a, em sentido crítico, no âmbito de uma reflexão necessariamente mais aprofundada: "como você parece ter simplesmente passado por cima dessa última no trabalho sobre a reprodução (e nisso é não dialético), do mesmo modo a exclusão dela no ensaio sobre o narrador me parece «gestual» demais" (*in* Adorno & Benjamin: 233). Decerto, essa é uma das críticas permanentes que Adorno faz ao trabalho do amigo, ao evocar "mais dialética", ou seja, uma efetiva "penetração dialética da obra de arte «autônoma»", conforme citado em carta enviada três meses antes. Sobre uma provável resposta de Benjamin à questão não é possível afirmar, uma vez que tal correspondência parece não ter sobrevivido ao tempo.

Aproximados quarenta dias após, Adorno se reporta ao amigo com vistas à nova interlocução de trabalho, referindo-se a um texto sobre música: "caro Walter, posso lhe enviar anexa uma pequena peça inédita? – um ensaio sobre Ravel (não aquele que você conhece) que compus três anos atrás" (*in* Adorno & Benjamin: 240), recebendo a resposta de Benjamin, expedida em 26.10: "sua fantasia sobre Ravel é extraordinariamente bela, e entendo muito bem o espírito no qual você a ofertou a mim. Muito obrigado. A passagem em que você evoca o contraste com Stravinsky é especialmente admirável" (*in* Adorno & Benjamin: 243).

Por sua vez, em 07.11, Adorno opina sobre um trabalho do amigo. Trata-se de uma coleção de cartas de filósofos e literatos como Kant, Franz von Baader, Goethe e Büchner, entre outros, compiladas e comentadas por Benjamin, sob o pseudônimo de Detlef Holz. Publicada na Suíça, sobre a coletânea – que já havia aparecido no *Frankfurter Zeitung*, entre os anos de 1930 e 31 –, Adorno considera: "o livro *Homens Alemães* [*Deutsche Menschen*] me propiciou de fato grande prazer; li-o assim que recebi, noite adentro, da primeira à última frase. A expressão de melancolia que ressuma do livro me parece admiravelmente próxima à da *Infância em Berlim*" (*in* Adorno & Benjamin: 246), comentário esse que o leva a aventar a possibilidade de que os escritos tenham coincidido no tempo a sua feitura. Esse fato, Benjamin confirma em sua carta-resposta do dia 02.12, na qual, entre outras considerações, lê-se: "você também estava certo sobre o período de gestação do livro; somente o prefácio é de data recente" (*in* Adorno & Benjamin: 254).

Já sobre o citado texto *Infância em Berlim*, Adorno comenta que, se a obra "reproduzia imagens de uma vida de que a própria classe se oculta sem que já revele a outra, então o olhar que recai nas cartas reproduz, por assim dizer, o mesmo processo de ocultação, mas agora do prisma objetivo, de que a *Infância* era o testemunho subjetivo" (*in* Adorno & Benjamin: 246-247). Essa assertiva leva Benjamin, em carta-resposta ao amigo, manifestar, em suas palavras, reconhecimento tanto da "relação por você estabelecida com a *Infância em Berlim*" quanto das "palavras muito belas que você escreve sobre meu livro de cartas", sem deixar de mencionar a acurada interpretação dada "à história da carta como forma, que nelas você me revelou", entendida como "uma visão profunda" (*in* Adorno & Benjamin: 254).

Em meados de fevereiro do ano seguinte, Adorno comunica a Benjamin o envio de uma cópia datilografada de seu ensaio sobre o sociólogo húngaro Karl Mannheim, para a consideração do amigo, cuja resposta dada, em carta de 01.03.1937, resume: "na sua obra descubro algumas proposições de grande projeção, das quais eu não diria o bastante se expressasse a minha concordância com elas". Com isso, Benjamin enfatiza duas hipóteses que considera as de maior relevância no trabalho: "a constatação de que o primado do ser social sobre a consciência possui essencialmente significado metodológico", assim como aquela que afirma "a referência do exemplo do domínio do método dialético", ambas vistas, em sua opinião, como "música para o pensamento, das quais tiro um profundo prazer" (*in* Adorno & Benjamin: 259). Aproveitando o ensejo, Benjamin informa ao amigo a remessa de uma cópia manuscrita do ensaio sobre *Fuchs*, para sua apreciação, sendo esse, pode-se dizer o *modus operandi* fundamental da cooperação crítica estabelecida entre ambos.

Sobre o texto do *Fuchs*, em 31.03, Adorno escreve a Benjamin simplesmente para dizer que estava "feliz com o sucesso de seu trabalho", uma vez que Horkheimer havia comunicado seu parecer extremamente positivo acerca do ensaio. E na conclusão registra: "que o destinatário dele também sinta o mesmo" (*in* Adorno & Benjamin: 264), referindo-se ao próprio Eduard Fuchs, historiador da arte a quem – duas semanas antes dessa correspondência – ambos os amigos visitaram em seu apartamento em Paris, conforme lembra Adorno: "como eu gostaria de acompanhá-lo uma segunda vez escada acima daquela casa suburbana" (*in* Adorno & Benjamin: 265).

No que diz respeito a Horkheimer, Adorno – de volta a Oxford, após visita a Gretel em Berlim, em 20.04 – comunica a Benjamin que "chegando aqui, encontrei duas cartas de Max, e fiquei particularmente feliz em ver como ele ficou impressionado com seu *Fuchs*". E no ensejo, avisa ao amigo: "não vou desperdiçar a oportunidade"- referindo-se à pressa de Horkheimer em "ter logo em mãos o capítulo sobre Baudelaire" –, considerando razões que "tangem ao Instituto e, sobretudo, no interesse do próprio trabalho das *Passagens*" (*in* Adorno & Benjamin: 269). A resposta de Benjamin enviada três dias depois registra: "fiquei, é claro, muito feliz com o elogio incondicional feito por Max a respeito do trabalho. E Fuchs escreveu-me uma carta amistosa" (*in* Adorno & Benjamin: 271).

Sobre o não desperdício de oportunidade mencionado, Adorno, em 25.04, informa ao amigo que "nesse meio tempo escrevi a Max, incentivando também a melhoria por princípio de sua situação financeira. Fritz parece já ter dado alguns passos nesse sentido. Vamos ver se meu incentivo terá sucesso" (*in* Adorno & Benjamin: 274), referindo-se à ajuda de Pollock, informação essa que leva Benjamin, em 01.05, a responder: "obrigado pelas palavras que você escreveu a Max em meu favor. Desde a volta de Pollock, não tive notícias de Nova York" (*in* Adorno & Benjamin: 276).

Na segunda quinzena de maio, Benjamin reporta-se mais uma vez ao amigo, tendo em vista a demanda do Instituto relativa ao ensaio sobre Baudelaire, considerando, ainda, a expectativa da chegada de Adorno a Paris, na primeira semana de junho, que, aliás, não ocorreu.

Benjamin esperava poder, na ocasião, discutir com o amigo certas questões referentes a desdobramentos daquele trabalho, talvez até mesmo sua forma filosófica, inserindo o *Baudelaire* em um contexto mais geral, de acordo com suas próprias palavras: "nesse particular, temos de discutir juntos em que medida o trabalho sobre Baudelaire pode promover, por sua vez, os interesses metodológicos decisivos do trabalho das *Passagens*" (*in* Adorno & Benjamin: 289). Essa ideia, então, parece antecipar em quarenta anos a definitiva organização de sua obra maior – inacabada –, levada a termo, como se sabe, por Adorno e Tiedemann e publicada somente em 1982.

CONTRIBUIÇÃO QUALIFICADA: MATERIAL PARA UMA ESTÉTICA CRÍTICA

Nos meses que se seguem, a cumplicidade entre ambos continua a definir aquela amizade para além de inúmeros e diversos acontecimentos. Em outras palavras, Adorno e Benjamin, residindo, respectivamente, em Oxford e Paris, dão prosseguimento à mútua colaboração sempre sob uma perspectiva qualificada.

Assim é que em 02.07.1937, Adorno, retornando de uma viagem a Nova York a bordo do navio Normandie, escreve ao amigo para informá-lo, primeiramente, de questões econômicas de seu interesse: "consegui convencer o Instituto de que o sistema de pagamentos «de parcela única» [...] não confere a você aquele sentimento de segurança de que seu trabalho necessita, e aquilo que o Instituto consegue poupar desse modo não é decisivo" (*in* Adorno & Benjamin: 294), referindo-se à forma de desembolso proposta inicialmente por Pollock.

Como consequência, Adorno lembra também ao amigo que "a par do plano de uma medida definitiva há certas exigências em relação ao Instituto", mencionando as contrapartidas específicas demandadas: "se o Baudelaire pudesse ser posto logo no papel de forma convincente, isso seria de grande vantagem em todos os sentidos". E acrescenta: "há também a seção de resenhas da revista" (*in* Adorno & Benjamin: 294).

Em seguida Adorno passa a tratar de questões ligadas à colaboração entre ambos, ao acenar a Benjamin mais uma possível iniciativa de parceria: "vou representar o Instituto, em caráter altamente oficial, no congresso dos positivistas lógicos e no grande congresso de filosofia que se seguirá [...] Seria um grande alívio para mim se você pudesse comparecer e, assim pensa Max, me emprestasse sua ajuda" (*in* Adorno & Benjamin: 296-297). E informa ao amigo não saber ainda as datas exatas de sua realização[35].

Na mesma correspondência, Adorno comunica ao amigo que estará "incumbido dos assuntos do Instituto na Europa nos próximos dois anos". E complementa: "vou morar em Londres, mas irei a Paris e Genebra com frequência muito maior", mencionando pela primeira vez a previsão de posterior mudança para os Estados Unidos: "após dois anos, provavelmente seguirei para Nova York" (*in* Adorno & Benjamin: 298), previsão essa que, no entanto, se cumpre antecipadamente em 16 de fevereiro de 1938. Por fim, Adorno, ao saber que o amigo se encontrava em período de férias na cidade italiana de San Remo, volta a dizer: "eu adoraria ouvir notícias suas em breve. Espero que esteja se recuperando bem" (*in* Adorno & Benjamin: 299).

Como resposta, uma semana depois, Benjamin escreve de San Remo: "estou absolutamente convencido – como você sabe – de que esse arranjo é da mais alta serventia do ponto de vista objetivo. A ponte rumo à Europa não será, portanto derrubada, mas fortificada!" (*in* Adorno & Benjamin: 300). Em seguida, reafirmando a disposição para a contínua parceria entre ambos, congratula-se a si mesmo pela decisão de ver assegurado "que as próprias fundações epistemológicas das *Passagens* podem ser assentadas nos próximos dois anos". E reitera: "você sabe quanto conto com as nossas continuadas discussões a respeito" (*in* Adorno & Benjamin: 300).

Por sua vez, ao discorrer sobre a sua situação financeira, bem como à expectativa de finalização do acerto com o Instituto arranjado por Adorno em Nova York, Benjamin menciona ao amigo o contexto de desvalorização cambial do franco à época: "só posso esperar

---

[35] Vale lembrar que os eventos aconteceram em Paris, na última semana de julho, entre os dias 29 e 31.

CONTRIBUIÇÃO QUALIFICADA: MATERIAL PARA UMA ESTÉTICA CRÍTICA

com toda força da minha esperança que tudo esteja resolvido até o ano-novo [...] Confesso-lhe que deposito minhas esperanças para os meses de inverno em sua «conspiração». De fato, sem uma ajuda fraternal *à la* Camorra as coisas vão ficar impossíveis!" (*in* Adorno & Benjamin: 301).

No dia 28.08, em nova correspondência encaminhada a Adorno, Benjamin tece considerações sobre a monografia do compositor Alban Berg elaborada pelo amigo, enfatizando as impressões causadas pelo texto: "você tornou evidente minha suspeita de que a impressão esmagadora com que o *Wozzeck* me cativara naquela noite em Berlim fora o sinal de um envolvimento do qual eu mal tinha consciência" (*in* Adorno & Benjamin: 306).

Na carta, Benjamin lembra a Adorno a noite de 22 de dezembro de 1925, oportunidade em que assistiram juntos à segunda apresentação da ópera, que, aliás, teve estreia no dia 15. E cita, ainda, um trecho do texto de Adorno no qual afirma: "o modo como o trabalho técnico quase indescritível do aluno de Schoenberg pacifica a tradição do século XIX em nome do mestre e faz soar seu último lamento é tão convincente para mim quanto o fora a própria música de Berg" (*in* Adorno & Benjamin: 306), pontuando a concepção básica do trabalho do amigo.

Vale registrar que em carta de 27.12.1925, enviada a Berg cinco dias após a noite daquela segunda apresentação, Adorno relata em detalhes a seu professor o resultado da performance, desde a grande venda "antecipada de ingressos" à aclamação do público – "no final, parecia que os aplausos nunca iriam terminar" –, sem deixar de analisar o desempenho dos intérpretes: "tinham anunciado que a senhorita Johanson estava indisposta, mas ela cantou muito melhor do que na estreia, particularmente mais correto [...] Schützendorf foi bem; todas as dificuldades superadas, em tudo mais seguro", referindo-se aos cantores responsáveis pelas personagens de Maria e do soldado Wozzeck. Entre outros relatos, Adorno cita: "excelente a cena da Bíblia (como todo o ato III), o Adagio foi igualmente bom e a cena dos brincos – também quanto à atuação – muito melhor do que na estreia". Ainda, ao mencionar que "a grande cena da taverna foi muito mais clara desta vez", afirma vê-la agora como a principal da obra. Em suas palavras, "um ato único de inspirada ousadia e convincente pela maneira como apreende e utiliza o que é mais básico e elementar" (*in* Adorno & Berg: 33).

E, como bom discípulo, ao justificar o seu parecer ao professor--compositor, Adorno argumenta que "cantar notas fora do tom como um elemento motivacional construtivo é uma descoberta metafisicamente enigmática e supera as intenções mais secretas de Mahler" (*in* Adorno & Berg: 33). Ao mesmo tempo, confessa não ter encontrado palavras tão grandes para explicar melhor aquela cena, afirmação essa que não expressa com justiça a sua grandiosidade. Como lembrança oportuna, comenta ainda: "para Benjamin, que pode parecer a você uma testemunha menos duvidosa do que eu mesmo – ele, aliás, entendeu o verdadeiro significado da sua obra melhor do que qualquer músico –, não foi diferente" (*in* Adorno & Berg: 33-34), levando em conta o fato de Berg ter conhecimento de que Benjamin não era confessadamente um *expert* em matéria musical, ainda que uma pessoa de sensibilidades aguçadas.

Voltando à correspondência do dia 28.08.1937, Benjamin revela a Adorno: "entre os temas recorrentes dos seus estudos, aquele sobre a relação de Berg com a tradição seduziu-me de modo todo especial, em particular quando você o relaciona à sua interpretação de Mahler". Dando continuidade, ao tentar formular a questão da melhor maneira que pode, sem deixar de mencionar o conhecimento que lhe falta para uma assertiva mais precisa, ressalva: "imagino que, por mais canhestro que seja, o pouco que disse pode expressar mais do que uma plena concordância que não trairia nada daquela peculiar precipitação com que costumo atravessar aqueles campos nos quais me é vedado demorar-me" (*in* Adorno & Benjamin: 306).

Ainda, ao mencionar a clareza com que o amigo aborda certos temas em seu escrito – "temas centrais que me movem em sua glosa ao *Wozzeck*" –, avisa que em oportunidade próxima gostaria de falar sobre tais questões, bem como "daquela referente à ruptura no tempo".

CONTRIBUIÇÃO QUALIFICADA: MATERIAL PARA UMA ESTÉTICA CRÍTICA

E prossegue: "então você irá me esclarecer o conceito de «transição mínima», que eu estaria mais propenso a tomar emprestado à doutrina da composição" (*in* Adorno & Benjamin: 306-307). Referindo-se igualmente a outra passagem do escrito do amigo que trata da cena da «ária do vinho», diz ser essa, em sua opinião, outra que garante a continuação da conversa entre ambos sobre o livro, uma vez que, de acordo com sua própria conclusão, trata-se de uma das mais belas que o amigo já havia escrito. Na mesma carta, Benjamin aborda outros assuntos, inclusive pessoais, relacionados tanto à doença do filho Stefan, conforme já mencionado, quanto ao futuro casamento do amigo com Gretel, ocorrido em 08 de setembro.

Passados alguns dias do matrimônio, Adorno responde ao amigo em carta de 13.09, na qual se desculpa pela demora do retorno, justificada pelos compromissos decorrentes. Ao explicar ter sido essa a razão para que tenha demorado a responder a carta, passa a esclarecer a dúvida formulada por Benjamin sobre a questão atribuída ao processo composicional de Berg: "o conceito de transição mínima não pertence propriamente a mim – e tampouco à musicologia disciplinar. Foi Wagner que definiu a música como a «arte da transição»". Deixando claro que tais traços de procedimento na obra de seu mestre se devem sem qualquer dúvida ao compositor alemão do século XIX, complementa: "com a ressalva, é claro, da redução infinitesimal da transição: esta lhe é específica" (*in* Adorno & Benjamin: 309), referindo-se desta vez a Berg.

Entre outras considerações, Adorno – ao aventar a possibilidade de o editor da revista do Instituto, Leo Löwenthal, estar apresentando resistências em relação à publicação do trabalho sobre Husserl, escrito por ele – solicita um obséquio ao amigo: "será que lhe posso pedir, de coração, sem mencionar tais resistências, que seja um porta-voz entusiástico do ensaio e que contribua tanto quanto puder para sua disseminação? Você estaria me prestando um inestimável favor". Na oportunidade, estende um outro pedido a Benjamin, desta vez em favor de Gretel, referente ao texto sobre a reprodutibilidade técnica, justificando: "ela só leu sua teoria da reprodução em francês e com justiça é da opinião de que a pessoa precisa conhecer um texto seu no original. Você seria capaz de providenciar um para ela? Isso seria muito gentil e amável de sua parte" (*in* Adorno & Benjamin: 316). E ao final indaga ao amigo: "como andam o seu *Baudelaire* e as *Passagens*?" (*in* Adorno & Benjamin: 317).

Em 02.10 Benjamin escreve a Gretel com recomendações a Adorno: "Minha cara Felizitas, se no futuro eu enviar minhas cartas ora a um, ora a outro, entenda que a maioria das vezes elas estarão destinadas aos dois" (*in* Gretel & Benjamin: 320). Desencorajando-os, primeiramente, a pedir notícias sobre os escritos *Baudelaire* e *Passagens*, explica que lhe "pareceu mais conveniente incluir uma demanda de trabalho mais recente na ordem do dia" (*in* Gretel & Benjamin: 321), conforme citado anteriormente. Em relação ao pedido de Adorno em favor de Gretel, como uma satisfação à amiga, Benjamin informa que "da versão final do trabalho sobre a reprodução existe somente um exemplar" e que, portanto, ela terá que esperar até sua ida a Paris. E complementa: "Teddie me deu esperança que isso se dará na segunda semana de outubro. Oxalá seja verdade dessa vez!" (*in* Gretel & Benjamin: 322).

A seguir, dirigindo-se a Adorno, escreve: "agora passemos ao tema do Husserl [...] Segundo Max me contou sem que eu tivesse perguntado, em Nova York fizeram algumas objeções contra seu ensaio. Se essas objeções partem de Löwenthal, não posso afirmar" (*in* Gretel & Benjamin: 322), deixando claro, no entanto, o compromisso assumido por Horkheimer de estudar o ensaio com a maior atenção. Como resposta, em carta de 22.10, Adorno registra: "o «Husserl» não será publicado, ao menos não na forma atual" (*in* Adorno & Benjamin: 325).

Passado um mês, Benjamin comunica ao amigo sobre a notícia positiva vinda de Nova York, referente ao esperado acerto financeiro com o Instituto, esclarecendo, no entanto, que a quantia enviada "me garante cerca de três quartos daquilo que você originalmente tinha em vista para mim". Ainda assim, não deixa de reconhecer os esforços do amigo, com certeza de extrema importância para a sua subsistência, ao registrar o fato de que "as misérias a que fiz menção sem dúvida

CONTRIBUIÇÃO QUALIFICADA: MATERIAL PARA UMA ESTÉTICA CRÍTICA

recuaram para a sombra lançada por essa nova luz" (*in* Adorno & Benjamin: 327). Aproveitando o ensejo, informa a sua pretensão de passar o Natal com Brecht na Dinamarca, viagem essa que não aconteceu, tendo passado o fim de ano em San Remo.

Entre outras questões, na mesma correspondência, Benjamin acusa o recebimento de três trabalhos enviados por Adorno, sendo dois deles relacionados à música: "na «Serenata» reconheço coisas extraordinariamente importantes: tanto nos comentários sobre o *expressivo* de Schönberg quanto naqueles sobre a relação entre tabu e *kitsch*. A esses últimos tornaremos com toda certeza quando nos falarmos", chamando a atenção para a parte final, cuja intenção reconhece como uma das mais importantes. Em relação ao segundo trabalho musical em questão, trata-se de um ensaio sobre Beethoven, que ele menciona ser "de todo transparente e me parece também particularmente belo em sua exposição" (*in* Adorno & Benjamin: 329).

Ao término da correspondência, ao ressaltar o caráter de absoluta excepcionalidade dado ao seu caso, Benjamin escreve: "por fim devo mencionar que Pollock me impôs a mais estrita discrição no trato com os funcionários do Instituto sobre os arranjos financeiros feitos a meu favor". Vale lembrar que esse procedimento se deveu ao fato de o Instituto, a partir daquele mês de novembro, ter aprovado o desembolso de uma verba extra de 80 dólares mensais, visando diminuir o impacto da desvalorização do franco francês, além de uma parcela adicional de 1500 francos franceses – a mesma quantia que já cabia a ele mensalmente, como ajuda de custo para a sua mudança de residência. Ao reconhecer o empenho do amigo para o bom desfecho da empreitada, garantindo assim uma base mínima de segurança para a continuidade de seu trabalho, não deixa de registrar: "aproveito a ocasião para expressar mais uma vez meu muitíssimo obrigado por tudo o que você me fez nesse particular! E as palavras de Max que você me transmitiu também muito me alegraram" (*in* Adorno & Benjamin: 331).

Passados quinze dias sem ter notícias de Adorno, Benjamin lhe escreve para informar sobre a situação de sua mudança de residência, bem como o consequente cancelamento de sua viagem à Dinamarca, ao encontro de Brecht, conforme inicialmente previsto: "anteontem fechei um contrato de aluguel que talvez me possibilite mudar para um apartamento já no fim de ano, ou no mais tardar até 15 de janeiro". No ensejo, aproveita para comunicar o seu ânimo para o trabalho, bem como o resultado disso para o bom andamento de suas pesquisas: "passei a depender totalmente da *Bibliothèque Nationale*, onde pude passar a vista por quase toda a literatura sobre Baudelaire de que preciso" (*in* Adorno & Benjamin: 332).

O retorno a Benjamin é dado dez dias após, em carta datada a 27.11 na qual Adorno comunica ao amigo: "nossa mudança para a América, contra todas as expectativas, é agora iminente", não sem antes justificar a motivação de seu silêncio: "a demora de minha resposta tem por razão que esta não lhe pode esconder algo que eu relutava em lhe comunicar antes que atingisse o mais alto grau de probabilidade". Passando à explicação do fato, comenta sobre sua resolução antecipada em um ano e meio do inicialmente previsto: "firmou-se um acordo entre o Instituto e a Universidade de Princeton que implica colaboração direta com Max" (*in* Adorno & Benjamin: 333), referindo-se ao projeto de pesquisa sobre o rádio coordenado por Lazarsfeld, que propunha para Adorno o cargo de diretor musical.

Ainda, ao argumentar que o acerto feito "desonera o Instituto em termos financeiros e ao mesmo tempo nos oferece certas garantias", conveniências essas indiscutíveis em relação à viabilidade do proposto, Adorno considera: "você há de convir comigo que há razões bastante imperiosas e palpáveis que levaram Max a formular a proposta e eu a aceitá-la". Como consequência, partindo da ideia de que tudo tem sempre dois lados, passa a mencionar as desvantagens e vantagens do empreendimento, confessando ao amigo ter "a plena consciência do que significa o abandono de minha posição na Europa – no duplo sentido da palavra. Você sabe que em meus pensamentos você está em primeiro lugar" (*in* Adorno & Benjamin: 333).

Se tudo sempre se refere a algo duplo, como um complemento – ao mencionar que "o único consolo para isso está na perspectiva de poder

CONTRIBUIÇÃO QUALIFICADA: MATERIAL PARA UMA ESTÉTICA CRÍTICA

empreender junto com Max seu trabalho, que espero decisivo, sobre o materialismo dialético" (*in* Adorno & Benjamin: 334) –, Adorno informa a Benjamin: "nesse sentido, penso também em como podemos levá-lo à América tão logo quanto possível. A necessidade material de trabalharmos juntos em proximidade física (uma necessidade na qual incluo Max) determina-me a isso" (*in* Adorno & Benjamin: 335). Entre outras considerações de caráter positivo, Adorno ressalta criticamente o fato de não superestimar nem mesmo nutrir qualquer expectativa idealizada ou mesmo otimista sobre "uma América na qual as ondas de crise claramente se amiúdam da forma mais alarmante", argumentando, por fim, que "essa catástrofe, arrastada por décadas a fio, é com toda a seriedade o mais perfeito pesadelo do inferno que a humanidade já produziu até hoje" (*in* Adorno & Benjamin: 336).

Em 04.12, Benjamin responde se dizendo surpreso: "sua carta me trouxe – e como – uma brusca notícia. O fato de que uma necessidade não menos brusca esteja por trás de sua resolução não a torna minimamente mais suave aos ouvidos. Entretanto, essa resolução promete solucionar uma série de problemas", referindo-se à inevitabilidade do acontecimento e o que pode daí resultar, positiva ou negativamente. Ou seja, que tudo tem sempre dois lados. E finaliza afirmando: "temos que nos ver impreterivelmente antes de você partir. E não preciso dizer que isso vale para nós três" (*in* Adorno & Benjamin: 341), referindo-se também à Gretel.

Ao se reportar ainda à carta de 02.11, Benjamin se refere mais uma vez ao bom desfecho do acerto financeiro feito com o Instituto, relembrando, ao mesmo tempo, a recomendação de Pollock quanto ao "mais estrito sigilo a respeito da soma acordada", bem como sua justificativa: "numa época em que somos obrigados a promover cortes em todos os lados não queremos nos enredar em discussões sobre por que estamos agindo de forma diversa no seu caso". Ao atribuir a Adorno grande parte da responsabilidade pelo ocorrido, Benjamin registra: "não posso imaginar, por mais de uma razão que Pollock estivesse pensando em você a esse respeito", reiterando o fato de que, em relação ao amigo e a Gretel, só poderia "se expressar com toda a liberdade" não acatando aquela recomendação. E conclui: "o agradecimento expresso na minha última carta já lhe devia ter revelado que o novo arranjo é um considerável alívio em comparação com o antigo. Sua carta me diz que você continuará de olhos abertos por mim" (*in* Adorno & Benjamin: 342).

A resposta do amigo é dada dois meses após, em 01.02.1938, ainda de Londres, oportunidade a qual Adorno encaminha anexo um escrito de treze páginas datilografadas, intitulado inicialmente "Questões e Teses". E detalha: "Lasarzfeld, o homem que me arrumou o contrato de pesquisa sobre o rádio, enviou-me um memorando sobre o projeto e pediu minha resposta e a exibição de uma lista de «problemas» do rádio. No entanto, aquela lista redundou num *exposé*"[36] (*in* Adorno & Benjamin: 343).

Ao discorrer sobre a temática abordada, Adorno explica que o escrito trata especificamente daquilo, que mediante a transmissão radiofônica, resulta em música de fundo, sendo esse um assunto relacionado diretamente a questões ligadas à reprodutibilidade técnica, como, por exemplo, simultaneidade e sucessividade, interatividade, coincidência temporal, ubiquidade e outras, resumindo a diferença entre reprodução-citação e reprodução genuína. E complementa: "é certo que ainda me falta uma fundamentação teórica, mas quero supor que a relação da música com o tempo desempenha seu papel aqui" (*in* Adorno & Benjamin: 344). Reafirmando a disposição de sempre em ouvir o interlocutor sobre um trabalho, Adorno – ao sublinhar temas de interesse mútuo como aquele da reprodutibilidade técnica –, ratifica: "é óbvio que sua opinião sobre o assunto me interessa vivamente" (*in* Adorno & Benjamin: 343).

Dez dias depois, Benjamin, acusando o recebimento do *exposé*, justifica, antes de tudo, a demora de seu pronunciamento, desculpando-se pela total falta de tempo para qualquer coisa. E sobre o trabalho do amigo, afirma: "em primeiro lugar, ele está entre as coisas mais

---

[36] O referido *exposé* constitui parte do diagnóstico-proposta apresentado por Adorno à equipe do projeto de pesquisa do rádio da Universidade de Princeton.

CONTRIBUIÇÃO QUALIFICADA: MATERIAL PARA UMA ESTÉTICA CRÍTICA

esclarecedoras que conheço de sua autoria [...] Tive enorme prazer com sua descrição da «postura» do ouvinte de rádio" (*in* Adorno & Benjamin: 345), reportando-se a categorias como música «estática» e «transbordante», em analogia à difusão de imagens relacionadas à projeção do filme. De acordo com o *exposé*, Benjamin se refere à analogia dada entre a tela estática do cinema e a fita magnética na qual a música é gravada, sendo isso o que alegadamente acontece com a música no rádio. E ao fim, afirma: "o todo exibe uma bela e transparente excentricidade" (*in* Adorno & Benjamin: 346).

Vale assinalar que entre essa correspondência de Benjamin, datada em 11.02, e a seguinte de Adorno, de 07.03, registra-se, como previsto, a sua partida e a de Gretel, de Londres para Nova York, acontecida em 13 de fevereiro. Na citada carta, logo no início, ao informar que "fizemos boa viagem e chegamos bem, e de que nos instalamos aqui num apartamento provisório bem agradável", Adorno, dando noção da quantidade de trabalho envolvido e das tarefas necessárias ao início das atividades naquele país, menciona antes de tudo que "estas linhas são apenas para lhe dar fé, em meio ao incrível corre-corre dessas primeiras semanas". Como consequência, justifica que todo o seu tempo disponível deverá estar "devotado ao trabalho sobre o rádio" (*in* Adorno & Benjamin: 348-349), conforme já era esperado. Tanto é que ao se referir aos demais compromissos também previstos, relata: "quanto aos trabalhos para o Instituto, tudo o que posso dizer por hoje é que tive de adiar o «Wagner» por algumas semanas em virtude do excesso de trabalho no projeto sobre o rádio" (*in* Adorno & Benjamin: 349).

DA ARTE-ENCANTAMENTO DE MASSAS À ARTE DESENCANTADA PARA AS MASSAS

Sobre a estada de Adorno nos Estados Unidos, acontecida em dois momentos – entre fevereiro de 1938 e outubro de 1949 e, posteriormente, entre 1952 e 1953 – ele próprio se refere, quase trinta anos depois, em artigo intitulado *Experiências científicas nos Estados Unidos*, no qual, em suas palavras, se propõe a "fixar algo das experiências intelectuais que tive por lá" (Adorno, 1995a: 137), referindo-se à forte impressão que teve especialmente em relação ao campo da cultura: "eu bem sabia o que é o capitalismo monopolista, o que são os grandes '*trusts*', mas ignorava até que ponto o planejamento e a estandardização racionais impregnavam os assim chamados meios de comunicação de massas" (Adorno, 1995a: 140).

Talvez por isso, na citada carta a Benjamin de 07.03.1938, o amigo tenha afirmado o potencial do trabalho a ser realizado ao mencionar que "o projeto sobre o rádio revela-se matéria de possibilidades extraordinárias e de grande publicidade", assinalando, a tempo, as funções desenvolvidas por ele e a possibilidade de dar consequência ao trabalho, levando a cabo propostas relevantes em termos sociais: "estou à frente de toda a seção musical e também, na prática, da direção teórica geral, já que o diretor oficial que me trouxe para cá, Lazarsfeld, está às voltas principalmente com a organização do trabalho" (*in* Adorno & Benjamin: 349).

Aproveitando o ensejo, na mesma correspondência, Adorno solicita: "gostaria de lhe pedir que me enviasse um relato bem sucinto, de duas a três páginas datilografadas, em nome dele, sobre suas tentativas de estabelecer «modelos de audição» de rádio na Alemanha", material esse que virá a ser o texto *Drei Hörmodelle*[37], de Benjamin. Ao informar ao amigo sua ideia de utilizar o material como parte integrante daquele que já havia sido arquivado, não deixa de salientar, é claro, que "de modo algum excluo a possibilidade de que disso resultem benefícios práticos para você" (*in* Adorno & Benjamin: 349). Em atenção ao solicitado, Benjamin responde, vinte dias depois, comunicando o envio do material, relatando, no entanto, que "entre os manuscritos que deixei para trás na Alemanha estava o dos «modelos de audição». Reconstituí de memória, até onde foi possível, a estrutura desses trabalhos" (*in* Adorno & Benjamin: 353).

Tendo em vista a necessidade de adequar o tempo dedicado à Universidade a sua parceria com Horkheimer no projeto sobre o materialismo dialético, Adorno, no já citado artigo *Experiências científicas*, esclarece: "procurei resolver o problema da dupla atividade mediante certa combinação de minhas tarefas científicas em ambos os campos" (Adorno, 1995a: 141), referindo-se a textos teóricos escritos anteriormente, os quais pretendia aproveitar na pesquisa do rádio. E ao mencionar o ensaio *Sobre o caráter fetichista na música*, publicado na revista do Instituto, bem como alguns trechos do que viria a ser o seu *Ensaio sobre Wagner* – concluído somente em 1952 –, afirma com isso que "buscava conciliar análises sociológicas, técnico-musicais e estéticas" (Adorno, 1995a: 142), a exemplo do que já vinha realizando desde os anos vinte.

Sobre o caráter fetichista na música, Adorno lembra que "o ensaio constituía, de certa forma, uma resposta ao trabalho de Walter

---

[37] Sobre o texto, Benjamin se refere: "A intenção fundamental desses modelos é didática. O objeto da instrução são situações típicas tomadas da vida cotidiana. O método da instrução consiste em confrontar exemplo e contraexemplo"; cf. Dimópulos *in* Gretel & Benjamin, 2011: 335.

Benjamin, que acabava de aparecer em nossa revista, sobre *A obra de arte na era de sua reprodutibilidade técnica*". Procurando consubstanciar os conteúdos de uma crítica que se pretendia fundamental àquilo que a arte tem de imanente, sem perder de vista o caráter progressista que a condição técnica sempre enseja, Adorno afirma: "sublinhava a problemática da produção da indústria cultural e as atitudes correspondentes, enquanto Benjamin, a meu ver, tratava de salvar com demasiada insistência essa problemática esfera" (Adorno, 1995a: 142). Com isso, procurou deixar claro aquilo que diferenciava para ambos a concepção funcional da tecnologia em relação às obras de arte.

Vale assinalar que a relação entre tecnologia e arte (com ênfase na reprodutibilidade) é abordada por Adorno desde pelo menos meados dos anos vinte em artigos, ensaios e resenhas publicados em revistas especializadas como *Neue Blätter für Kunst und Literatur, Zeitschrift für Muzik, Frankfurter Zeitung, Die Muzik, Pult und Taktstock, Der Scheinwerfer, Neue Musikzeitung* e *Musikblätter des Anbruch*. Para citar somente alguns de seus escritos, vale registrar: *A agulha e o sulco* (*Nadelkurven*), em primeira versão de 1927; *A forma do disco* (*Die Form der Schallplatte*), de 1934; *Jantar de gala* (*Galadiner*) – aforismo 76 de sua *Mínima moralia* –, de 1945; *Sobre técnica e humanismo* (*Technik und Humanismus*), de 1953, além do já citado dossiê de 1938 para o projeto de pesquisa sobre o rádio, sem mencionar as várias passagens em diversos fragmentos de sua obra póstuma de 1970, *Teoria estética* (*Ästhetische Theorie*).

Não se opondo de forma alguma à tecnologia, mas, sim, à sua coisificação, em um de seus primeiros escritos sobre o tema, de 1927, Adorno, referindo-se à reprodução mecânica da música em sua forma ainda primitiva – o gramofone –, afirma, em analogia ao fenômeno da reprodução de imagens, que parecia acontecer, com as gravações fonográficas e o próprio toca discos, o mesmo processo que historicamente se deu em tempos passados com a fotografia: "a transição da manufatura para a produção industrial transforma, com a técnica empregada para a sua difusão, o difundido" (Adorno, 2014: 503). Da mesma forma, em 1934, ao mencionar a reprodução mecânica como meio de reificação da música, escreve também: "o disco é, como produto musical da decadência artística, a primeira forma de reprodução que se pode possuir como coisa" (Adorno, 2014: 509), assinalando o quanto a maximização dos meios tecnológicos já configurava alteração dos próprios conteúdos veiculados.

Por sua vez, em 1945 o tema é abordado sob a ótica relacional entre progresso e regressão, entendido como consequência dos avanços tecnológicos a partir do pós-guerra, apoiados no processo de massificação da produção industrial, culminando com a criação de necessidades de consumo até então inexistentes, fundamentadas por aspectos comportamentais desnecessários na mesma proporção: "os procedimentos de reprodução mecânicos desenvolveram-se de modo independente daquilo que se trata de reproduzir e indiferente a ele. São tidos como progressivos, e tudo que deles não participa é reacionário e provinciano" (Adorno, 2008b: 114). Com isso, insinua uma problemática que haveria de adquirir cada vez mais relevo devido ao desenvolvimento crescente das possibilidades técnicas.

Oito anos depois, observando a dialética que encerra a relação entre técnica e humanismo, Adorno, refletindo sobre a divisão mecânica estabelecida entre esses dois polos essencialmente complementares, adverte para o fato de "a concepção de uma cultura do espírito separada da técnica só poder nascer da ignorância da sociedade a respeito de sua própria essência" (Adorno, 2010: 315). Tal consideração se deve à impossibilidade de imaginar que mesmo as coisas da subjetividade são mediadas por algo objetivo: "tudo que é espiritual contêm elementos técnicos; só quem reconhece o espiritual como espectador, como consumidor, pode padecer da ilusão de que os produtos do espírito caem do céu" (Adorno, 2010: 316).

Necessário, portanto, pensar tal relação para além do aspecto antinômico que o senso comum atribui em sentido estrito: "por isso há que se evitar a rígida antítese entre humanismo e técnica", escreve o filósofo, ao considerar tal antinomia como um produto da falsa consciência que promove a distinção de setores em uma sociedade já devidamente dividida. De acordo com Adorno, "a cisão que separa técnica e humanismo, por irreparável que pareça, é um exemplo de aparência socialmente gerada" (Adorno, 2010: 316). Isto é, de algo estabelecido enquanto falsa relação, voltado igualmente para fins de desagregação social. E conclui: "a separação entre razão social e razão técnica não pode se superar negando-a" (Adorno, 2010: 317-318).

Sobre a gênese de sua teoria relacionada à reprodução tecnológica da arte, o primeiro de seus escritos parece dizer respeito a uma proposta apresentada em 1925 à *Universal Edition* de Viena, objetivando a renovação dos conteúdos da revista *Muzikblätter des Anbruch,* respectivo órgão de divulgação da editora. Convidado a substituir o então editor da publicação à época, Adorno elaborou uma proposta de reestruturação do periódico voltada primeiramente para a divulgação da música moderna de compositores como Berg, Webern e Schoenberg, entre outros reconhecidos por ele como "forças poderosas e radicais fora deste círculo" (Adorno, 2014: 567), citando Krenek, Bartók, Eisler e Weill. Visando, sobretudo, "a luta sem quartel contra o romantismo musical" (Adorno, 2014: 570), o que o filósofo propõe exatamente ao órgão editorial é que a revista "*Anbruch* deverá antes de tudo atuar com toda a energia contra a reação musical" (Adorno, 2014: 569), conforme registrado em seu dossiê-proposta.

Outro assunto sugerido para a nova linha editorial do periódico foi o da reprodução mecânica da música, considerando a também importância de se difundir essa produção de mercado, vista mesmo como mercadoria inteiramente relacionada à indústria. Segundo Adorno, seria de interesse da nova revista analisar aquela produção essencialmente sob uma perspectiva crítica, observando a dialética que dizia respeito às relações de produção inerentes: "a rubrica «música mecânica» deverá servir principalmente para aproximar dos não músicos e seus interesses a discussão sobre o estado da criação musical". Com isso, Adorno visava refletir sobre as possibilidades técnicas de mediação entre música e sociedade, considerando "o dificílimo problema da relação entre produção e consumo musicais" (Adorno, 2014: 572).

Estratégia voltada para a conscientização dos ouvintes-leitores, o periódico, então reestruturado, "irá tratar de esclarecer o que se entende propriamente por mecanização e influir na política das programações" (Adorno, 2014: 579), cabendo também à revista publicar resenhas sobre questões atinentes à produção das novas mídias, relacionada a concertos radiofônicos, gravações, música de filme, etc.: "a seção música mecânica não se limitará unilateralmente à crítica de discos, mas debaterá também sobre problemas do rádio". Como mais uma tarefa crítica, Adorno propõe para o periódico "discutir todos os problemas musicais do cinema, tanto das velhas formas da música de acompanhamento quanto dos novos problemas das gravações sonoras" (Adorno, 2014: 572), antecipando, com isso, em mais de um decênio parte de seu trabalho desenvolvido no projeto de pesquisa do rádio nos Estados Unidos.

Ao sugerir também para a revista a elaboração de resenhas críticas sobre essa produção, Adorno, "partindo do princípio de que meios postos à disposição correspondem a uma disposição da consciência", justifica dialeticamente as razões de sua proposta tendo em vista, por exemplo, o entendimento de que "a situação histórica das próprias obras determina a sua apresentação mecânica em larga escala" (Adorno, 2014: 579).

Em consonância com a sentença de Benjamin de que "a obra de arte reproduzida torna-se, progressivamente, a reprodução de uma obra de arte destinada à reprodutibilidade" (Benjamin, 2019: 61-62), Adorno reporta-se ainda àquela mencionada ideia de uma arte mecânica emancipada da arte a serviço das massas. Em suas palavras, "a mecanização da música é hoje atual em um sentido mais profundo que o da mera disponibilização de meios" (Adorno, 2014: 579). E por fim, ao defender como diretriz da publicação a adoção de metodologias de caráter sociológico, incorpora a categoria do *kitsch* como objeto de análise, considerando o iminente sentido social que o conceito abarca.

Quanto à crítica de Adorno a Benjamin, vale acrescentar que se o entusiasmo do amigo atribuiu à reprodutibilidade técnica das obras o caráter afirmativo de uma arte mecânica – emancipada da arte – à disposição das massas, ao mesmo tempo, o próprio Benjamin não deixou igualmente de reconhecer que qualquer adesão à tecnologia deveria necessariamente levar em conta as razões sociais e não as técnicas. Assim é que em seus fragmentos, anotações e esboços para o mencionado ensaio, Benjamin escreve: "a reprodutibilidade técnica da obra de arte modifica a relação da massa com a arte", enquanto registra, concomitantemente, que "a reprodutibilidade técnica da obra de arte leva ao seu desgaste" (Benjamin, 2019: 129), dimensionando claramente o caráter antinômico que a questão encerra.

Um exemplo de tal abordagem encontra-se resumido no fragmento XVIII da segunda versão do ensaio, elaborada por Benjamin entre dezembro de 1935 e janeiro de 1936, ao assinalar o fato de que "atualmente, a massa é uma matriz da qual surgem renascidos todos os comportamentos costumeiros com relação à obra de arte. A quantidade transformou-se em qualidade: as massas muito maiores de participantes geraram uma forma modificada de participação". Tal constatação leva Benjamin, consequentemente, a afirmar como diferencial "que as massas buscam dispersão na obra de arte, enquanto que o apreciador de arte se aproxima dela por meio da concentração". E arremata: "para as massas, a obra de arte seria material para o entretenimento; para o apreciador de arte, ela seria objeto de adoração" (Benjamin, 2019: 94).

Em sua dialética, pode-se dizer que ambas as teses benjaminianas continuam – uma mais outra menos e vice-versa – demonstrando evidente vigor nos dias de hoje, particularmente interpretadas ainda sob o binômio racionalista popular *versus* erudito, circunscrevendo, enquanto falsa questão, uma arte do povo e outra das elites. Robert Hullot-Kentor, em sua introdução para a edição inglesa de *Current of music: Elements of a radio theory* – partindo do *exposé* elaborado por Adorno, em 1938, para o *Princeton Radio Research Project* –, menciona o assunto ao assinalar a questão discutida pelo filósofo na esfera da música: "contrariamente ao que se poderia supor hoje, a distinção entre popular e clássico foi um sinônimo vago com o qual nestas décadas se discerniu a diferença entre «leve» – ou leve popular – e música séria" (Kentor, *in* Adorno, 2009: 5).

Por sua vez, Benjamin, em seus esboços e anotações para o texto da reprodutibilidade técnica, aborda a questão sob a ótica tanto da divisão de classes quanto daquela que se estabelece entre arte e ciência. Ou seja, entre as esferas subjetiva e objetiva da produção de conhecimento, sendo imputado à ciência um caráter inerente de erudição em detrimento da arte, tornada por assim dizer popular, sob uma perspectiva de mercado: "isso se deve, entre outros, ao fato de as classes dominantes verem a difusão massiva de conhecimento com mais desconfiança do que a difusão massiva da arte. Foram elas que levaram à difusão popular da ciência ao descrédito" (Benjamin, 2019: 132). De qualquer forma, ocorre que tal fato parece, ainda hoje, estar longe de resumir um enunciado aparente, circunscrito somente ao passado.

Se anteriormente atribuiu-se *status* de classe a uma produção artística identificada com o conhecimento, oposta, por sua vez, à outra de baixo extrato social, mais identificada com um perfil inculto, atualmente, apesar da ainda distinção em vigor – principalmente em setores de classe média –, parece que tal diferença ainda se mantém, mas revestida de outra característica. Enquanto fenômeno único, a mesma produção artística antes considerada de caráter "popular" – em verdade, popularizada em termos quantificados mediante coerção mercadológica –, se tornou o modelo absoluto de consumo da totalidade das classes sociais. Sob este prisma, não é fora de propósito especular sobre o caráter implicitamente inerente da relação entre popularidade e totalitarismo, tendo como base procedimentos avançados de quantificação da produção levado a termo por um mercado inteiramente estabelecido sob o primado da coerção.

Adorno se refere a essa associação explosiva ao analisar, no âmbito do referido *Princeton Radio Research Project*, a utilização de uma música inexpressiva e palatável, voltada para a difusão radiofônica nos Estados Unidos de final dos anos trinta, interpretando esse fenômeno tanto sob a perspectiva da relação quantificada de massas quanto sob a ótica da formação da personalidade autoritária do estadunidense médio, precarizado em seus próprios termos, em uma sociedade fundada sob o primado da ignorância coletiva.

DA ARTE-ENCANTAMENTO DE MASSAS À ARTE DESENCANTADA PARA AS MASSAS

Mediante olhar acurado, Adorno pôde sem muita dificuldade enxergar no epicentro daquela realidade sociocultural o fenômeno que fundamenta a relação associativa entre popularidade e totalitarismo, impulsionado pela mesma mentalidade quantificada que regula as relações de troca, lançando mão do conceito de culinário utilizado por Platão dois mil anos antes: "a mudança de meios especificamente expressivos para meios «culinários» já se tornou totalitária. Isso pode até explicar sua popularidade" (Adorno, 2009: 124).

Em outras palavras, significa dizer que a mesma lógica que impele ao consumo de uma música de massa para as massas – quantificada para fins econômicos de mercado – resume ao mesmo tempo a disposição do indivíduo médio para aderir a uma por assim dizer mentalidade da maioria, totalitária e absolutista, forjada tanto para fins econômicos quanto ideológicos, inclusive, em termos sinestésicos: "qualidades culinárias são aquelas que produzem certo prazer sensual imediato e ininterrupto de um som pleno, suave, harmônico especialmente, na percepção musical da maioria dos ouvintes de hoje" (Adorno, 2009: 124).

Isto diz respeito à criação, produção e difusão de uma arte-produto implicitamente vocacionada para o entretenimento, sob a égide das relações de troca. O que mais caracteriza essa produção é sua condição heterônoma: o seu motivo funcional, obsolescente, determinado como objeto de distração qualificada, constituída por um tipo de discurso direto de sentido emocional estabelecido em termos coletivos, podendo, em geral, ser mais bem interpretada sob a ótica do conceito de *kitsch*.

PARTE III

UM DIALÉTICO LEGADO INTELECTUAL

ONIROKITSCH, KITSCH SOCIAL E EMPOBRECIMENTO DA EXPERIÊNCIA

Sobre o *Kitsch* Benjamin se refere, direta ou indiretamente, em boa parte de sua obra. Abordado pela primeira vez em um brevíssimo ensaio – datado em 1925 e publicado dois anos depois no número 1 do periódico *Die Neue Rundschau* – sob o título inicial de *Glosa sobre o surrealismo*, o escrito foi posteriormente renomeado como *Onirokitsch* (*Traumkitsch*), ou seja, *Kitsch sonhado* (em tradução livre).

Partindo de uma enigmática sentença, Benjamin, nas primeiras linhas do texto, escreve: "já não se sonha com a flor azul. Quem hoje desperte como Enrique de Ofterdingen deve ter ficado dormindo" (Benjamin, 1997: 187), referindo-se ao símbolo chave do romantismo alemão, com que sonhava o *minnesänger* da alta Idade Média germânica, Heinrich von Ofterdingen. Idealizadamente inalcançável, a flor azul, símbolo da perfeição, se torna a figuração do objeto onírico na obra de mesmo nome (*Die Blaue Blume*), publicada em 1802, pelo poeta alemão, Novalis – pseudônimo do barão Georg Philipp Friedrich von Hardenberg, considerado um dos mais fecundos representantes da primeira fase do romantismo alemão de finais do século XVIII –, obra essa que descreve a busca do jovem trovador medieval pelo autoconhecimento.

É esse ambiente que Benjamin evoca como imagem antagônica a um mundo caracterizado pela "aridez de um campo de batalha", tendo em mente, inclusive, a recente experiência da primeira guerra mundial, predominantemente marcada pelo desenvolvimento hegemônico do capital, mediante um ideal tecnológico inteiramente concebido para a sua consecução.

Para Benjamin, "o sonho já não abre uma distância azul. Tornou-se cinza [...] Os sonhos são agora um caminho direto à banalidade. De uma vez para sempre, a técnica revoga a imagem externa das coisas, como notas de banco que perderam validade". Em outras palavras, tornado um objeto-*kitsch*, no mundo tecnológico do capital não é mais possível sonhar com a perfeição da flor azul, uma vez que em tal contexto os objetos oníricos assumem um aspecto comum, útil, massificado, residual, voltado para indivíduos em semelhantes condições: "É o lado desbotado pelo hábito e de forma barata adornado com frases feitas. O lado que a coisa oferece ao sonho é o *kitsch*" (Benjamin, 1997: 188).

Representados somente em sua exterioridade aparente, os sonhos idealizadamente sonhados são agora determinados pela banalidade do *kitsch*, tornados meros objetos baratos à disposição 'de todos', caracterizados como produto industrial moderno. Em suma, segundo Benjamin, "agora, no *kitsch*, o mundo das coisas volta a se aproximar do homem; se deixa agarrar por um punho e afinal conforma em seu interior sua própria figura". Sob uma ótica ao mesmo tempo irônica e devastadora, assinala, por fim, aquilo que caracteriza e dá forma a um pensamento mediano de sentido o mais comum. Em suas palavras, "o homem novo tem em si a completa quintessência das velhas formas, e o que com a confrontação com o contexto da segunda metade do século dezenove se configura, semelhante artista dos sonhos como da palavra e a imagem, é um ser que poderia chamar-se «homem mobiliado»" (Benjamin, 1997: 188-189).

Por sua vez, em seu ensaio *Experiência e pobreza* (*Erfahung und Armut*), de 1933, o conceito de *kitsch* – sem ser mencionado –, se faz presente como uma das consequências da experiência vivida, experiência essa empobrecida mediante o declínio da dimensão artesanal da vida e da consequente ascensão dos procedimentos técnico-industriais do capital, não coincidentemente também contextualizado no limiar daquele primeiro grande conflito de dimensão mundial. De acordo com Benjamin, "está claro que as ações da experiência estão em baixa, e isso numa geração que entre 1914 e 1918 viveu uma das mais terríveis experiências da história" (Benjamin, 1985: 114).

Portanto, oposta à experiência autêntica (*Erfahung*) – estabelecida sob a égide da memória e da tradição –, a experiência vivida (*Erlebnis*) – alheia a uma condição histórica dimensionada entre passado e presente –, remete a tudo o que respeita ao universo empobrecido do capital, como assinala o filósofo, ao utilizar como exemplo o encantamento vivenciado pelos indivíduos pobres de experiência frente à massificada figura estadunidense do Mickey Mouse: "a existência do camundongo Mickey é um desses sonhos do homem contemporâneo. É uma existência cheia de milagres, que não somente superam os milagres técnicos como zombam deles" (Benjamin, 1985: 118). Exemplo da vivência de qualquer objeto banal de consumo, o empobrecimento da experiência é *kitsch*.

Já em sua citada obra sobre a reprodutibilidade técnica, Benjamin atrela a ideia do primado técnico à noção de arte útil, demarcando claramente – também sem se referir ao conceito – a condição *kitsch* que a mesma adquire sob este contexto. Apesar da possibilidade de ampliação do acesso à arte a partir do recurso da reprodutibilidade técnica (ou melhor, de uma arte mecânica à disposição das massas), ao mesmo tempo, Benjamin entende que a massificação industrial moderna atribui a ela uma dimensão *kitsch*, ligada à consciência burguesa: "dentre as funções do filme, a mais importante é gerar o equilíbrio entre o ser humano e a aparelhagem" (Benjamin, 2019: 87).

É sob essa ótica que, para o filósofo, o cinema enquanto arte iminentemente técnica se torna a expressão máxima do objeto-*kitsch*, mediante a intermediação entre o indivíduo e a máquina – ou seja, por meio da condição de que "o mundo das coisas volta a se aproximar do homem" –, delimitando sua utilidade intrínseca. De acordo com Benjamin, "essa tarefa é resolvida pelo filme não somente pelo modo como o ser humano se apresenta à aparelhagem de gravação, mas, também, pelo modo como ele apresenta o mundo para si com ajuda dessa aparelhagem" (Benjamin, 2019: 87).

Constituída enquanto "outra forma de percepção do real", através de um foco superdimensionado – embora subdimensionado por aquilo que está dado como forma imediata na realidade –, não escapa a Benjamin a condição fenomenológica que se resume enquanto contradição. Ao afirmar que "se o filme aumenta a compreensão das coerções que regem nossa existência – por meio de *close-ups*, enfatizando detalhes escondidos em objetos de cena correntes, por meio da investigação de ambientes banais sob a liderança genial da objetiva", é possível dizer, ao mesmo tempo, que sob uma mesma ótica "ele nos assegura um campo de ação [*Spielraum*] monstruoso e inesperado" (Benjamin, 2019: 87). Com isso, Benjamin ressalta o sentido propriamente dialético que a questão encerra.

Aliás, sobre tal função exercida pelo cinema, Adorno, em seu citado ensaio sobre o fetichismo na música, assim se refere em alusão àquele escrito de Benjamin: "conhecemos, pelas fotografias e pelo cinema, o efeito do que é moderno envelhecido, efeito que, utilizado originariamente como choque pelo surrealismo, desde então passou a ser mera diversão daqueles cujo fetichismo se prende ao presente abstrato" (Adorno, 1996: 102-103).

Enquanto manifestação de imagens-fetiche introduzidas como elemento da consciência, pode-se dizer que através do cinema o pensamento *kitsch* impele os indivíduos a uma percepção limitada da realidade, fazendo-os sonhar com ideias banais – não mais com a flor azul – manifestas através de sentimentos de acentuada irrisão, justificando as palavras de Benjamin sobre o *kitsch*: "este é a última máscara de banalidade que revestimos no sonho e na conversa para reabsorver a energia do extinto mundo das coisas" (Benjamin, 1997: 188).

Em suma, da experiência infantil do *kitsch*, empobrecida, sentimentalista e banal, se retroalimenta a cultura industrial de massa, envolta sob uma espécie de encantamento pelo sempre-o-mesmo advindo do mundo das trocas, visto como meio de emancipação dos indivíduos tornados produtos, justificando outra sentença do amigo

Adorno: "os ouvintes, vítimas da regressão, comportam-se como crianças. Exigem sempre de novo, com malícia e pertinácia, o mesmo alimento que uma vez lhes foi oferecido" (Adorno, 1996: 96).

E por fim, para citar apenas algumas obras, em seu inacabado trabalho das *Passagens*, Benjamin reputa o *kitsch* – mais uma vez sem citar o conceito – como um fenômeno próprio da burguesia nascente do período das Luzes, fenômeno esse que ele captou com perfeição nesta obra, como uma ilustração do consequente "declínio de Paris" no século XIX. Nos mesmos moldes atribuídos ao século XVIII – desvelando as mesmas aspirações aristocráticas da burguesia em ascensão – Benjamin, referindo-se a um trecho do livro de Lucien Dubech e Pierre d'Espezel, *Histoire de Paris*, resgata – igualmente sem citar o conceito – uma das talvez primeiras referências àquilo que se entende por sentimento *kitsch*: "o Arco do Triunfo repete a porta Louis XIV, a coluna Vendôme é imitação de Roma, a Madeleine, a Bolsa de Valores e o Palais-Bourbon são templos antigos" (Dubech & d'Espezel *apud* Benjamin, 2018: 204).

É sob esse prisma que em suas *Passagens*, a ideia de *kitsch* surge atrelada à própria Paris dos oitocentos, como uma fantasmagoria de cidade fetichizada pelo fulgor estrepitoso das mercadorias: "os compradores sentem-se como massa", em meio àquela profusão inebriante de produtos. "Pagam preços fixos", ao mesmo tempo em que, instados à condição de mercadorias, "são confrontados aos estoques" (Benjamin, 2018: 133). Pode-se dizer, também, que são como num sonho que os indivíduos-massa herdeiros da burguesia liberal setecentista transitam – tal qual fantasmas –, pelos corredores das lojas de departamento de olhos fitos nos "letreiros dramáticos dos *magasins de nouveautés*" (Benjamin, 2018: 1391), sempre em plena condição de compra.

O liberalismo é *kitsch*, assim como a esclarecida burguesia de aspiração aristocrática que o fundamenta desde fins dos setecentos. Como anota Benjamin, "o capitalismo foi um fenômeno natural com o qual um novo sono, repleto de sonhos, recaiu sobre a Europa e, com ele, uma reativação das forças míticas" (Benjamin, 2018: 664), retomando a sua concepção original de Onirokitsch – de *kitsch sonhado* – com que inaugurou sua abordagem conceitual. E para a arte, tal abordagem se reveste de grande importância para o entendimento do que ocorre no universo mercadológico da produção subjetiva da cultura industrial objetivada enquanto mercadoria sempre-a-mesma: "o retorno do sempre-igual manifesta-se de maneira patente na produção de massa" (Benjamin, 2018: 376).

Uma vez que, no entendimento de Benjamin, o sentimento *kitsch* – sem qualquer elaboração intelectual e envolvimento autêntico – promove uma aproximação com a arte em sentido distanciado, ou melhor, pelo distanciamento com aquilo que ela tem de imanente – sem considerar a diferença entre esta e um mero objeto utilitário –, pode-se também dizer, sob a mesma ótica, que o *kitsch* engloba igualmente a ideia de algo real mediante sua cópia, remetendo ao conceito de aura que alicerça a sua obra sobre a reprodutibilidade da arte. Conceito esse, aliás, tomado emprestado do amigo fotógrafo, artista plástico, arquiteto e designer – representante da escola Bauhaus –, Lásló Moholy-Nagy, que em seu artigo intitulado *Fotograma*, do ano de 1926, ao referir-se à obra do também fotógrafo Man Ray, menciona o fato de que em sua originalidade aquela obra tornava misteriosa uma visão contemporânea, atribuindo a ela a capacidade de criar uma aura para o cotidiano habitual.

Não é por outro motivo que Adorno afirma ser "impossível captar a ideia do *kitsch* em termos de independência estética", mencionando o fato de que aquilo que o "constitui essencialmente" não é outra coisa senão "o momento social" (Adorno, 2011a: 825), remetendo indiretamente à questão ainda hoje vigente de ideologização da arte em termos críticos. Em outras palavras, o conceito de *kitsch* se caracteriza por uma condição não estética que, por isso mesmo, se converte em função social determinada, resumido enquanto artifício de alienação que transforma o real em mera idealização de caráter infantil. Conforme se refere Adorno, "as canções de sucesso [...], o cinema sonoro e a revista fazem a mocinha, ante a sua máquina de escrever, acreditar que secretamente é uma rainha" (Adorno, 2011a: 826), assinalando a funcionalidade do *kitsch* como elemento psicossocial que

ONIROKITSCH, KITSCH SOCIAL E EMPOBRECIMENTO DA EXPERIÊNCIA

consegue atender necessidades primitivas do indivíduo, no plano da subjetividade.

Por meio da reiteração de elementos artísticos obsoletos, essa 'arte' *kitsch*, idealizada e irrisória, assim como a própria datilógrafa, é forjada por sentimentalismos e emoções baratas, produzida intencionalmente da forma mais residual possível. Constituída enquanto pura aparência essa 'arte', bem como "a mocinha, ante a sua máquina", é forma não acabada. Sob esse prisma, é possível criar um sentido de identidade facilmente reconhecido por indivíduos alheios a uma ideia imanente de arte, fazendo-os consumir sucedâneos pré-artísticos como se fossem 'coisas' da mais pura expressão subjetiva.

Se "no século XIX o *kitsch* transfigurou a existência do burguês e do proletariado, isolados em sua luta pela existência" (Adorno, 2011a: 826), é possível afirmar do mesmo modo que, hoje, ele modela, por exemplo, o existir das donas de casa – ainda burguesas – e as secretárias domésticas, juntas, realizando os mesmos 'sonhos' pueris, para além do aspecto ideológico que as separa em classes. Reside aí, entre outros, o sentido "sonhado" – de *Onirokitsch* – atribuído por Benjamin ao conceito. Foi sob a égide de tal concepção que o *kitsch* pôde se converter em meio ideológico que pressupõe uma cultura de classe para todas as classes, ou seja, para um suposto coletivo consumidor aparentemente diferido em termos de classe. Mas o *kitsch* é também ideologia ao postular a banalidade de formas e conteúdos irrisórios, impulsionada pela compulsão a esquemas artísticos heterônomos repetidos *ad nauseam*.

Em outras palavras, é certo dizer que o *kitsch* se constitui enquanto pura ideologia ao pensar a arte a partir de tipos formais irrisórios, tornados unânimes pela indução de sentimentalismos coletivos, unificando o convencional e o banal em termos comportamentais. Tais tipos obsoletos, caracterizados pela banalidade e irrisão, dizem respeito a uma espécie de arte aplicada sem qualquer denodo artístico, devidamente palatável e de fácil 'compreensão', destinada ao consumo imediato, sendo a mesma inteiramente subordinada a ditames mercadológicos dimensionados em termos estatísticos.

Enquanto arte funcional, isto é, marcada por uma ideologia da funcionalidade, de senso prático, ligada ao mero 'prazer artístico' – culinário, como se referiu Platão –, tal produção, de caráter instrumental, afirmativa em sua positividade, manifesta sentido inteiramente avesso ao contraditório, vocacionada inequivocamente para a eliminação das diferenças, indiferente ao pensar artístico, devidamente elaborada em sua insuficiência estética. Dito de outra forma, se a obra de arte autônoma é um enigma não revelado, a 'arte' ornamental, decorativa, busca a resolução do enigma a partir da ostentação de uma ideia de realidade constituída como fenômeno único de estetização comercial.

No entender de Adorno, enquanto elemento de qualificação do real, a arte autônoma não resolve o enigma, mas o propõe. Ao contrário, indiferente a tudo que a fundamenta, criada a partir de condições heterônomas, subordinada à utilidade, a arte residual se caracteriza pela abordagem meramente prática, sob o primado de uma empiria em tudo avessa a qualquer tentativa de teorização. Para além da acepção poético-literária dada por Benjamin à categoria do *kitsch*, por sua vez, Adorno busca uma definição do conceito mais circunscrita à esfera sociocultural, considerando que "ele mesmo tem sua origem objetiva na decadência das formas e materiais na história" (Adorno, 2011a: 824).

Não é por outra razão que seguindo o rastro deixado por pensadores como Kracauer, Bobbio, Bloch e Kraus, para Adorno "o *kitsch* é o antecipado de formas e ornamentos desvalorizados, e que ainda assim constituem um mundo de formas distanciado de seu contexto original" (Adorno, 2011a: 824), significando dizer, mais especificamente, que "o que pertencia à arte de outrora e hoje é realizado se computa como *kitsch*" (Adorno, 2011a: 824), aludindo ao caráter passadiço e ornamental de uma arte que ainda persiste apesar da perda de seu intrínseco valor contextual e histórico.

Se para Benjamin, sob uma perspectiva *kitsch* "a reprodução técnica mostra-se mais autônoma em relação ao original do que a manual" (Benjamin, 2019: 56), aludindo mais uma vez à realização de uma arte mecânica oposta à manual e que emancipada da arte se

ONIROKITSCH, KITSCH SOCIAL E EMPOBRECIMENTO DA EXPERIÊNCIA

encontra inteiramente à disposição dos indivíduos, por sua vez, para o interlocutor Adorno "na música, em todo caso, todo *kitsch* propriamente dito tem caráter de modelo" (Adorno, 2011a: 824), significando dizer, em suas palavras, que toda música feita para a reprodução mecânica é *kitsch*.

Se for certo pensar que os dispositivos técnicos se constituem hoje quase como próteses humanas, também é possível dizer que o homem estabeleceu relação de identidade com tais aparatos, tornados, por analogia, o sujeito dessa relação. Então, reafirmando a aludida sentença de Benjamin em relação ao cinema, é certo dizer que a empatia entre usuário e arte dá-se por intermédio da máquina, o que faz com que ele assuma a postura desta última. Ainda, segundo Benjamin, "o aspecto livre de aparatos da realidade tornou-se aqui o mais artificial, e a visão da efetividade imediata tornou-se a flor azul no país da técnica" (Benjamin, 2019: 84).

MEIOS DE PRODUÇÃO CULTURAL
E MODOS DE REPRODUÇÃO SOCIAL

Ao que parece, o que mais desperta interesse na totalidade das classes sociais tem sido uma produção em geral definida e modelada por um tipo de sentimentalismo primitivo que pode ser descrito como resíduo de impulsos emocionais infantis não ultrapassados na fase de formação do indivíduo, coletivizado, por isso mesmo, em termos universais.

Diferenciadas em sentido unânime, pode-se dizer que o que essas classes manifestam igualmente é um precário nível cultural devido, por aversão, a uma completa ausência de teoria. Em outras palavras, não é difícil atestar o fato de que, mantidas as aparências sociais, consome-se os mesmos produtos massificados em grande escala para um mesmo público apequenado cada qual em seu idêntico patamar cultural, diferenciado somente por uma ideia aparente de classe. Como inferiu Adorno em referência à esfera da música, "o novo tipo de audição vai tão longe quanto a estupidez dos oprimidos atinge os próprios opressores (Adorno, 1996: 90).

Concorrem para isso diversos fatores condicionantes, devidamente combinados de forma a produzir uma ilusão de cultura única à disposição de todos, de democratização de uma produção considerada anteriormente como objeto para poucos, deixando sem resposta, a que exatamente se refere tal pressuposto, ou melhor, a qual concepção de arte se refere. Concebida para as trocas em larga escala, só se pode referir a tal produção como um mesmo tipo de bem de consumo exclusivamente formatado 'para todos', sem distinção característica de intencionalidade.

Não sendo esse um fenômeno recente, a isso se referiu o compositor Arnold Schoenberg ao mencionar, como "um princípio básico de meu pensamento", a sua concepção contrária àquilo que o senso comum atribui como fundamento a uma ideia de maioria: "eu acredito no direito da pequena minoria". É sob essa ótica que em carta dirigida a Williams S. Schlamm, então editor executivo da revista *Time and Life*, o compositor vienense justifica: "porque a democracia muitas vezes age perigosamente de maneira semelhante a uma «ditadura da (muitas vezes extremamente pequena) maioria», é impossível, apesar da liberdade de imprensa, publicar ideias que não se enquadrem no quadro das grandes maiorias" (Schoenberg, 1965: 234). E por fim, aludindo àquilo que ele reputou como "uma das minhas antipatias favoritas", resume em sentido positivamente negativo: "se é arte, não é para as massas. Se é para as massas não é arte" (Schoenberg, 1965: 235).

Ao contrário do que parece, longe de ser algo que se deva atribuir como enunciado elitista, o que o compositor quis não foi outra coisa senão referir-se claramente ao fato de que a arte-conhecimento, em sua singularidade imanente, única, já não contava à época – e ainda não conta hoje – com a adesão do grande público, sendo substituída por simulacros reproduzidos em escala industrial para um público posicionado e quantificado em igual situação e proporção. Pode-se dizer, então, que tal aceitação se deve a uma ideia empática de 'gosto' padronizado, forjado por uma concepção de coletivo, de natureza pseudoativa, supostamente interativo, dimensionando a arte em um âmbito meramente conceitual, mais afeito a tudo que remete à produção reificada de massa.

Adorno se refere igualmente a esse controverso aspecto ao argumentar que "uma música de massas tecnicamente consequente, coerente e purificada dos elementos de má aparência, se transformaria em música artística, e com isto mesmo perderia a característica que a torna aceita pelas massas" (Adorno, 1996: 105).

De forma análoga, compõem os diversos fatores condicionantes aquilo que se entende como processos contínuos de tecnificação da arte, fenômeno esse há muito presente, inclusive como parte integrante do próprio processo de constituição da arte em seu conteúdo e forma, desde pelo menos o início do século XX. A isso se refere Benjamin no fragmento II de seu ensaio sobre a reprodutibilidade da obra de arte, ao afirmar que à época, submetidos seus efeitos a profundas modificações, "a reprodução técnica atingira um padrão que lhe permitiu não somente começar a tornar a totalidade das obras convencionais em seu objeto [...], mas também conquistar um lugar próprio entre os procedimentos artísticos" (Benjamin, 2019: 94).

Necessário assinalar, portanto, que a menção feita por Benjamin a "processos contínuos de tecnificação da arte" não se refere – e em tudo se difere – àquilo que caracteriza a arte em sua condição técnica formal. Ou seja, o elemento constitutivo que determina a forma da arte relacionada com o conteúdo, lembrando que tal elemento formal é o todo que define a arte enquanto propriedade única da condição humana. Ao contrário, a mencionada tecnificação quer se referir às implicações sociais resultantes dos processos de absolutização da tecnologia aplicada à arte, uma vez que não se pode ignorar a impressão de que os ultimados recursos tecnológicos de reprodução parecem ter superado o próprio conceito de original artístico.

Como lembra Benjamin – citando Paul Valéry – em uma variante da segunda versão de seu ensaio, "inovações tão grandes modificam a totalidade da técnica artística, influenciando assim a própria invenção e, ao final, talvez chegando ao ponto de modificar magicamente o próprio conceito de arte" (Valéry *apud* Benjamin, 2019: 103). Com isso, Benjamin atesta que é da 'natureza' da arte reproduzida se emancipar de seu próprio original.

E realmente, sob essa ótica, o caráter de reprodução se impõe como mágica, "na medida em que o fenômeno singular deixa de existir e aparece ao mesmo tempo, como imagem em inúmeros lugares", conforme registra Adorno, ao definir o conceito de reprodução como a capacidade de distribuir o mesmo material artístico ao mesmo tempo em espaços diversos. Nas palavras do filósofo, "a música ao vivo acontece em um determinado tempo, em um espaço amplamente específico. As gravações fonográficas podem acontecer em locais diferentes, em princípio em momentos diferentes" (Adorno, 2009: 80).

Denominado como "coincidência-temporal" (ou seja, uma simultaneidade de tempo), Adorno procura delimitar os elementos que determinam os padrões diferenciados de audição, bem como as consequências inerentes ao próprio acontecimento musical em sua relação com o ouvinte. Enquanto fenômeno único e não passível de repetição, da mesma forma em outro momento, ao tornar-se algo reproduzido artificialmente por meio de recursos técnicos de duplicação, incorre naquilo que Benjamin – a partir do contributo de Moholy-Nagy – determinou como a perda da aura artística. Isto é, a unicidade[38] que determina a obra de arte enquanto algo diferenciado em seu caráter único.

Sob essa perspectiva, "o fenômeno da *performance*, devido ao elemento da coincidência-temporal com a realização musical ao vivo, ao fazer com que ainda apareça como «uma performance única e original», encontra-se disseminado no espaço" (Adorno, 2009: 80), podendo determinada obra 'aparecer' – como mágica –, em todos os lugares ao mesmo tempo, reproduzidas *ad infinitum* de forma incontável e sempre idêntica.

A esse acontecimento Adorno se refere como "fenômeno de ubiquidade", dando como exemplo transmissões radiofônicas e sua capacidade única de disseminar conteúdos sonoros em qualquer tempo e espaço, por longas distâncias. Vale lembrar o caráter mágico, de enfeitiçamento, que demarca tal condição, uma vez que em sentido teológico o fenômeno da ubiquidade equivale à faculdade da onipresença divina de estar ao mesmo tempo em toda parte.

---

[38] O conceito de unicidade, assim como a análise de seu declínio na Modernidade se encontra no centro da teoria estética benjaminiana desde fins da década de 1920, momento em que o autor inicia o seu projeto das *Passagens*. Nesse período Benjamin empreendia esforços no sentido de compreender os novos modos de produção artística de massas.

A relação implícita entre religião e capitalismo não passou despercebida a Benjamin, ao afirmar que "o capitalismo está essencialmente a serviço da resolução das mesmas preocupações, aflições e inquietações a que outrora as assim chamadas religiões quiseram oferecer resposta". Assim é que em seu conhecido ensaio-fragmento, *O capitalismo como religião* (*Kapitalismus als Religion*), de 1921, ao iniciar sua reflexão partindo, entre outras, das contribuições de Bloch e Weber, Benjamin registra: "o capitalismo deve ser visto como uma religião" (Benjamin, 2013: 19).

Então, voltando à citada condição mágica de modificação do conceito de arte – mencionada por Valéry – é possível relacionar tal estado mágico ao conceito de fetiche da mercadoria, em conformidade com a ideia de Marx atribuída às relações universais de troca em sociedades inteiramente dominadas pela ideia de aperfeiçoamento tecnológico. Totalizadas em nível industrial quantificado, tais relações impõem ao sujeito um estado de 'encantamento' que o impele à condição de objeto em uma relação desenvolvida em termos igualmente quantificados. Isso faz lembrar a sentença de Benjamin referente à "comparação entre as imagens dos santos de diversas religiões, de um lado, e das cédulas bancárias de diversos Estados, de outro". Tal sentença é devidamente explicitada na citação sobre o "espírito que se expressa nos ornamentos das cédulas bancárias" (Benjamin, 2013: 21), ou seja, em espécies de imagens encantadas que evocam de forma relacional o dinheiro e as divindades. Ou ainda, o dinheiro como divindade.

Esse estado de 'encantamento' sugere uma ideia de adesão acrítica a valores dominantes, remetendo à tendência passiva de um pensar que em tudo comunga com a promessa de autonomia que a cultura industrial sempre negou afirmando. Em outras palavras, a um alto grau de adequação aos valores dominantes da sociedade unânime corresponde um sujeito representativo do capitalismo em sua fase pós-liberal, seguidor de tendências majoritárias que, adotadas coletivamente, determinam formas de percepção da realidade a partir dos ditames hegemônicos de tal sociedade.

Mediante formas de integração cultural forçadas, os aspectos coletivos terminam por ditar as regras de uma normalidade social fundamentada por aquilo que Adorno denomina como "pensamento estritamente tecnológico" (Adorno, 2020a: 27), característico de indivíduos "impotentes perante o espírito" e que justamente por isso "se viram contra os portadores de espírito" (Adorno, 2020a: 33).

Sob as mesmas bases que enunciam o caráter fetiche da mercadoria, pode-se dizer também sobre um estado de fetiche tecnológico que acomete não somente indivíduos tidos como espiritualmente precarizados, mas, também, muitos daqueles comprometidos com tarefas intelectuais ativas, tendo em vista que, para tal segmento, a ideia de atualização cultural, determinada pelos grandes centros econômicos mundiais, passa necessariamente por iguais determinações de atualização tecnológica.

É sob tal evidência que as formas de reprodução técnica se apresentam como elementos de atualização os mais qualificados para o desempenho de funções de potencialização não só do conhecimento científico, mas, igualmente, de regulação das formas de comportamento cultural. Enquanto fenômeno, isso se aplica a sujeitos tornados objetos – por livre arbítrio –, devidamente 'enfeitiçados' pela imagem de "uma democracia, que continua, até hoje, a não corresponder plenamente ao seu próprio conceito" (Adorno, 2020a: 19), conforme sugere Adorno.

Não é por outra razão que, em seu citado texto *Experiência e pobreza*, Benjamin adverte para os processos tendenciais de objetivação das subjetividades humanas promovidos, por exemplo, pela utilização desigual dos avançados recursos tecnológicos em sociedades inteiramente dimensionadas para as trocas, deixando entrever como "uma nova forma de miséria surgiu com esse monstruoso desenvolvimento da técnica, sobrepondo-se ao homem" (Benjamin, 1985: 115).

Ao argumentar sobre esse fenômeno, Benjamin aponta para o estado de falência do indivíduo nas sociedades da livre iniciativa, mediante aquilo que, como já dito, ele entende como a perda da experiência tradicional (*Erfahrung*), de caráter social, frente aos ditames de uma por assim dizer experiência vivida (*Erlebnis*), meramente individual, empobrecida nos termos daquilo que se encontra em conformidade com a incapacidade subjetiva de narrar: "surge assim uma nova barbárie" –, no dizer de Benjamin, ao questionar – "o que resulta para o bárbaro dessa pobreza de experiência? Ela o impele a partir para a frente, a começar de novo, a contentar-se com pouco, a construir com pouco" (Benjamin, 1985: 116).

Esses processos de objetivação, originados por uma ideia contínua de autovalorização das relações hegemônicas, encontram campo fértil para se desenvolver em nível potencial na sociedade "enfeitiçada" pela sedução das trocas, devendo ser "desencantada" em prol do indivíduo-consumidor instado à condição de Prometeu eternamente preso às correntes de bronze.

Como assinala Benjamin, "a massificação dos fregueses que, com efeito, forma o mercado que transforma a mercadoria em mercadoria aumenta o encanto desta para o comprador mediano" (Benjamin, 2000: 53). A isso se soma um processo vertiginoso de tecnificação da vida, mais especificamente, de maximização do uso de aparatos técnicos em nome da emancipação e autonomia dos indivíduos, culminando com uma enorme interferência na totalidade das relações sociais então enfeitiçadas por uma concepção de modernidade alheia à experiência autêntica. Ou seja, aquela dada nos termos da tradição: "algumas das melhores cabeças já começaram a ajustar-se a essas coisas. Sua característica é uma desilusão radical com o século e ao mesmo tempo uma total fidelidade a esse século" (Benjamin, 1985: 116).

Tal antinomia apontada por Benjamin guarda relação com a incapacidade do indivíduo em lidar com uma realidade que quanto mais o enfraquece, mais ele se esforça em viver. Premido por tarefas cada vez mais fragmentadas em um mundo no qual o trabalho encontra-se precarizado em condições idênticas, a permanente ameaça de desemprego causada principalmente pelo crescente processo de automatização – tanto dos meios de produção quanto das forças produtivas – adquire, cada vez mais, contornos efetivos, gerando enorme sentimento de temor mediado por igual pressão de insegurança social.

Adorno se referiu a isso em meados dos anos sessenta do século passado, quando de uma palestra realizada em Viena, a convite da Associação dos Estudantes Socialistas da Áustria, no dia 6 de abril de 1967. Analisando as consequências do capitalismo em sua fase tardia, atreladas ao avanço crescente da extrema direita na Alemanha, Adorno chama atenção para o fato de que "apesar do pleno emprego e de todos estes sintomas de prosperidade, o fantasma do desemprego tecnológico continua a pairar de tal modo que, na era da automatização [...] mesmo as pessoas que estão integradas no processo já se sentem potencialmente desnecessárias" (Adorno, 2020a: 13).

Ainda assim, Adorno não descura a importância inquestionável do progresso técnico na sociedade moderna, fator, inclusive, preponderante para a manutenção de um ainda restante estado de bem estar social na Europa, à época. Confirma isso a sentença afirmativa feita pelo filósofo, aproximados vinte anos antes, de que "nenhuma crítica ao progresso é legítima, nem mesmo quando se trata de uma crítica dirigida ao momento reacionário do progresso em meio a uma falta geral de liberdade" (Adorno, 2011b: 10).

Do mesmo modo, em outro de seus escritos fundamentais, referindo-se a uma crítica em abstrato dirigida à tecnologia em geral, feita, inclusive, por setores da sociedade tidos como progressistas, Adorno escreve: "que a técnica moderna acabe beneficiando ou prejudicando a humanidade não depende dos técnicos, nem sequer da técnica mesmo, mas do uso que a sociedade faça dela". E afirma isso sem perder de vista, ao mesmo tempo, o caráter ambíguo que a tecnologia adquire sob a égide do uso não social, hegemonicamente econômico: "a técnica não é a essência primeira da sociedade, não é a coisa mesmo, não é a humanidade, mas somente algo derivado, a forma de organização do trabalho humano" (Adorno, 2010: 318).

Traduzida por uma ideologia da eficiência e do desempenho em meio a ideologias político-sociais constituídas de forma deficiente, nas palavras de Adorno, "não é por acaso que a invenção de meios de destruição tornou-se o protótipo do progresso técnico" (Adorno, 1974: 106). De forma análoga, essa questão não é indiferente a Benjamin, que se refere a consequências implícitas em seu ensaio *Paris do Segundo Império*: "as resistências que a modernidade opõe ao impulso produtivo natural ao homem são desproporcionais às forças humanas. Compreende-se que ele vá se enfraquecendo e busque refúgio na morte" (Benjamin, 2000: 74), ratificando o citado sentimento de temor e insegurança causados pela pressão social.

Não é por acaso que Benjamin afirma que "a modernidade deve manter-se sob o signo do suicídio, selo de uma vontade heroica, que nada concede a um modo de pensar hostil" (Benjamin, 2000: 74-75). Esse sentimento de dar cabo de 'si próprio' devido à penúria social é um fenômeno que 'coincide' e se torna algo por assim dizer 'natural' desde pelo menos o surgimento de uma sociedade industrial de massa: "por esse mesmo tempo, a noção de suicídio penetrou nas massas trabalhadoras", associa Benjamin, tendo como referência o artigo *L'homme de 1848* do jornalista, professor e diplomata Charles Benoist, publicado em 1845 no periódico *Revue des deux monde*: "disputam-se as cópias de uma litografia que representa um operário inglês no momento em que tira a própria vida, desesperado por não mais poder ganhar seu sustento" (Benjamin, 2000: 75).

Como alternativa a esse estado de coisas, Adorno irá lembrar que em potencial "as relações humanas diretas perturbam a tecnificação e a especialização" (Adorno, 2010: 284), referindo-se à necessidade imperativa de se pensar formas relacionais opostas àquelas estabelecidas por um modelo de sociedade iminentemente técnica da livre iniciativa, sociedade essa na qual a própria ideia de liberdade humana fracassou.

Sob tal estrutura coercitiva, fundada no mais puro e desigual espírito liberal de competição, pode-se constatar sem qualquer tipo de esforço que em nenhum tempo e em qualquer lugar a democracia parece ter se realizado em sentido pleno. Concorre para isso o fato de que, nas palavras de Adorno, "os pressupostos sociais dos movimentos fascistas [...] continuam a existir. Estou a pensar, em primeiro lugar, na tendência para a concentração do capital, que continua a existir" (Adorno, 2020a: 12), sentença essa que parece referir-se aos dias de hoje. É sob essa mesma ótica que em outro de seus escritos fundamentais, Adorno alude ao fato de que "a ordem econômica e, seguindo seu modelo, em grande parte, também, a organização econômica, continuam obrigando a maioria das pessoas a depender de situações dadas em relação as quais são impotentes, bem como a se manter numa situação de não emancipação" (Adorno, 2020b: 46).

Pensando com Adorno, chega-se à conclusão de que, sob o primado da economia liberal, "se as pessoas querem viver, nada lhes resta senão se adaptar à situação existente, se conformar; elas precisam abrir mão daquela subjetividade autônoma a que remete a ideia de democracia; conseguem sobreviver apenas na medida em que abdicam de seu próprio eu" (Adorno, 2020b: 46). Com isso, o filósofo põe em cheque aquela ideia fraterna de igualdade e liberdade que norteia o primado do esclarecimento desde o período revolucionário burguês. Em suas palavras, "a forma de organização política é experimentada como sendo inadequada à realidade social e econômica; assim como existe a obrigação individual à adaptação, pretende-se que haja também, obrigatoriamente, uma adaptação das formas de vida coletiva" (Adorno, 2020b: 47), argumento esse que remete ao potencial autoritário que a sociedade da livre competição enseja sob a forma 'democrática' liberal.

Não é por outra razão que, conforme Adorno, "a necessidade de uma tal adaptação, da identificação com o existente, com o dado, com o poder enquanto tal, gera o potencial totalitário. Este é reforçado pela insatisfação e pelo ódio, produzidos e reproduzidos pela própria imposição à adaptação" (Adorno, 2020b: 46-47), sendo tal procedimento caracterizado enquanto algo que ocorre de forma inerente sob a égide da indústria comportamental da cultura.

Como consequência inevitável, soam incômodas as palavras de Adorno ao mencionar que sob tal contexto "os que permanecem impotentes não conseguem suportar uma situação melhor sequer como mera ilusão; preferem livrar-se do compromisso com uma autonomia em cujos termos suspeitam não poder viver, atirando-se no cadinho do eu coletivo" (Adorno, 2020b: 47). Parecendo mesmo se referir aos dias de hoje, a pergunta que ilustra o título desse escrito

MEIOS DE PRODUÇÃO CULTURAL E MODOS DE REPRODUÇÃO SOCIAL

de Adorno, «o que significa elaborar o passado?», faz jus à ideia de Benjamin do sempre-o-mesmo, isto é, do eterno-retorno, tomada de empréstimo a Nietzsche.

Por certo, o significado desta sentença não se refere a resgatar o passado como experiência vivida (*Erlebnis*), mas sim, "articular historicamente o passado", em sentido oposto a "como ele realmente foi". Diz respeito ao "dom de despertar no passado as centelhas da esperança" como uma "imagem que relampeja irreversivelmente, no momento em que é reconhecida". Como assinalou Benjamin, "o passado traz consigo um índice misterioso, que impele à redenção. Pois não somos tocados por um sopro do ar que foi respirado antes? Não existem nas vozes que escutamos ecos de vozes que emudeceram?". Como uma resposta, ele se refere em suas teses *Sobre o conceito da história*, a "um encontro marcado entre as gerações precedentes e a nossa" (Benjamin, 1985: 223), ou ainda, em outro escrito seu já citado, à experiência autêntica (*Erfahung*), calcada em uma memória histórica.

Por fim, em consonância com o amigo, Adorno lembra que não se trata de resgatar o passado como ele aconteceu de fato, mas, sim, resgatar a esperança de como ele poderia ter sido. Isto é, como utopia, valendo, igualmente, lembrar que o seu preço – o da utopia – é a realidade.

POPULARIDADE E TOTALITARISMO: DUAS FACES DA CULTURA MASSIFICADA

A questão do capital em seu aspecto acumulativo foi uma preocupação duradoura tanto de Benjamin quanto de Adorno, visto como elemento de desagregação social e cultural em sociedades de classe inteiramente formatadas para o consumo de mercadorias. Assim é, por exemplo, que já em 1938, em sua pesquisa sobre a música no rádio, Adorno registra: "em nossa sociedade mercantil, existe uma tendência geral para uma forte concentração do capital, o que leva à retração do livre mercado em prol da produção em massa e monopolizada de bens padronizados", ressaltando que tal realidade, para além de algo que se estabelece somente no âmbito da infraestrutura, também se dá na esfera da subjetividade: "isso é válido principalmente para a indústria das comunicações" (Adorno, 2009: 136).

Por sua vez, em suas referidas "Teses", Benjamin escreve: "a luta de classes, que um historiador educado por Marx jamais perde de vista, é uma luta pelas coisas brutas e materiais, sem as quais não existem as refinadas e espirituais [...] O materialismo histórico deve ficar atento a essa transformação, a mais imperceptível de todas" (Benjamin, 1985: 223-224).

Associando movimentos políticos autoritários ao aspecto tendencial de acumulação do capital enquanto expressão inerente às sociedades modernas, pode-se estender também tal associação às formas de poder derivadas do uso hegemônico da tecnologia – isento de qualquer sentido social –, baseado não somente no progresso técnico, mas, especialmente, na adesão cega de indivíduos "enfeitiçados", mediante uma incapacidade subjetiva de reflexão vocacionada à crítica. Consagradas por meio de uma práxis em abstrato, essas tecnologias passam a ser aceitas em termos absolutos, tendo em vista tanto o quadro político e social precário quanto a própria degeneração das condições de trabalho na moderna sociedade da competição primitiva.

É a esse indivíduo modelado pelo capital, competitivo, arrojado, eficiente, completamente acrítico, a-teórico e precariamente prático, que Benjamin se refere ao mencionar que "o herói é o verdadeiro objeto da modernidade". Herói esse, aliás, que, segundo Adorno e Horkheimer, impõe a si a tarefa de "dever defender com liberdade e sacrifício a verdade deste indivíduo" (Adorno & Horkheimer, 2007: 296). Não é sob outra ótica que Benjamin reconhece que "para viver a modernidade, é preciso uma constituição heroica" (Benjamin, 2000: 73), sendo sob tal constituição que se erigiu o indivíduo primitivo ungido pelo capital, como que entregue à natureza crua.

Adorno e Horkheimer também se referem a isso ao mencionar, não coincidentemente, que "a autorreflexão foi estimulada pela técnica do cinema sonoro, que não podia introduzir verdadeiramente na ação o canto a não ser convertendo os cantores em heróis que perdem sua voz e imediatamente a recuperam" (Adorno & Horkheimer, 2007: 285). Interligada à questão, os pensadores não deixam também de mencionar "as fissuras causadas pela educação burguesa", dando como sua origem a própria formação da juventude alemã no período fascista: "oficialmente esta aponta para o ideal, para «tudo que é belo e bom»; se entusiasma com os heróis e exalta a franqueza, a abnegação e a generosidade" (Adorno & Horkheimer, 2007: 281), reportando-se à própria ideologia do capital constituída como próprio reflexo da política do nacional-socialismo.

Em busca das raízes que baseiam tal fenômeno, Adorno e Horkheimer pensam a questão para além do véu tecnológico (*technologischer Schleier*) que indubitavelmente envolve e dá suporte a tal ideologia de desconstrução do humano, ao afirmar que "com cada gesto dá-se a entender ao educando que as exigências da «vida real» – a adaptação ao ideal de competência – tem sempre a primazia e que os ideais mesmos, ou devem ser concebidos como confirmação dessa vida, ou postos diretamente a seu serviço" (Adorno & Horkheimer, 2007: 281-282). Apesar da crítica, não escapa a ambos os pensadores que a tecnologia constitui elemento fundamental e evidente de realização da vida em todos os seus variados níveis, para o bem e para o mal, dialeticamente. Desde sempre e muito mais em uma era na qual essa esfera se tornou algo que está para além de seu próprio uso necessário, autônomo, constituída enquanto própria necessidade heterônoma de uso.

Ainda assim, cabe indagar sobre o preço que a sociedade paga pelo fetiche tecnológico, suas implicações inerentes e sob quais condições essenciais tal relação se estabelece. De acordo com Benjamin, "a natureza e a técnica, o primitivismo e o conforto se unificam completamente, e aos olhos das pessoas, fatigadas com as complicações da vida [...] surge uma existência que se basta a si mesma" (Benjamin, 1985: 118-119). A esse propósito, relembrando uma observação feita por Adorno, vale sob a mesma ótica indagar por que "a tendência imanente à expansão e independência da administração como simples forma de domínio dificilmente explica, por si só, a passagem de aparatos administrativos [...] àqueles do mundo administrado", culminando com sua, pode-se dizer, orgânica inserção "em âmbitos antes não administrados" (Adorno, 2004: 117). Ou seja, naqueles do espírito (*Geist*) como, por exemplo, a cultura e a educação.

Ocorre que sob tal transformação o uso acrítico de uma arte tecnológica – pensada para indivíduos livres em uma sociedade não livre –, justifica, entre outros, a falsa relação hierárquica da produção cultural, citada anteriormente. Ainda que devidamente dividida por classes sociais, expressando conceitos que refletem ideais puramente de classe, atribuindo a estes uma suposta ideia de cultura superior, ainda assim, tal fenômeno representa, a partir de visões antagônicas, duas faces de uma mesma moeda.

Aliás, não sendo um fenômeno propriamente novo, vale lembrar, como exemplo próximo, o processo inaugural de registro sonoro no Brasil empreendido pela Casa Edison, em 1900, quando o seu proprietário, Frederico Fígner, dá inicio à produção – e reprodução – de discos no país, contando com repertório exclusivo de música brasileira interpretada por cantores oriundos das camadas populares como Eduardo das Neves, Cadete e Bahiano, para citar somente alguns.

Apoiado na repercussão do novo e moderno invento, o empreendimento de Fígner inverte a totalidade da lógica cultural das elites ao fazê-las consumir, mediante o fetiche do recurso tecnológico, um tipo de produção musical até então considerada como primitiva e inculta, caracterizada como "popular". Alheias ao conteúdo difundido – "de classe" –, pode-se dizer que o grande atrativo oferecido às elites econômicas foi mesmo o ultimado recurso tecnológico, impulsionado pelo potencial de compra de um evidente segmento sempre propício a consumir a última novidade mercadológica disponível. Ainda assim, ao contrário do que se atribui, em um sentido geral, parece que desde sempre o encanto que a tecnologia exerce sobre os indivíduos não diz respeito a qualquer tipo de inclinação progressista relativo ao aspecto científico da técnica. Ao invés, o encanto dos indivíduos, algo retrógrado *per se*, parece mais dizer respeito ao valor intrínseco do objeto comercial, como mercadoria tecnológica, do que propriamente à sua condição objetiva, independente mesma.

E em se tratando de arte, a questão adquire um contorno ainda mais específico, uma vez que remete diretamente à questão subjetiva imanente que resume tal esfera. Sob essa perspectiva, chama atenção os desde sempre procedimentos tendenciais da indústria de promover uma profunda cisão entre as esferas da infraestrutura e superestrutura, no caso, entre arte e tecnologia, escamoteando a função primordial que a técnica desempenha nos processos de produção e difusão artística. Não é por outra razão que Adorno irá lembrar que a técnica é o meio objetivo que realiza o conteúdo subjetivo da arte, mediante "reflexões que tocam a relação entre inventos da técnica e tendências sociais" (Adorno, 2010: 354), demarcando claramente a dialética que encerra

POPULARIDADE E TOTALITARISMO: DUAS FACES DA CULTURA MASSIFICADA

tal procedimento. Assim foi registrado por Adorno em sua resenha para o livro *História do Rádio até 1926* (*History of Radio to 1926*), de Gleason Leonard Archer[39], escrita nos Estados Unidos para a Revista de Pesquisa Social, mas não publicada à época.

Uma vez que os primórdios da difusão radiofônica nos Estados Unidos reportam ao início dos anos vinte do século passado, com a publicação do referido livro – precoce, pode-se dizer – percebe-se a já importância deste veículo e o quanto ele contribuiu para o processo de reprodução técnica em massa de obras musicais, objeto, aliás, da crítica consequente de Adorno em seu já citado *exposé*, elaborado em 1938 para o *Princeton Radio Research Project*, valendo lembrar outros escritos do filósofo que extrapolam o âmbito da esfera técnica como meio exclusivo dos procedimentos de reprodução.

Visto sob uma ótica mais ampla, se na abordagem benjaminiana a ideia de reprodução é determinada por procedimentos exclusivamente técnicos, para Adorno a questão adquire outro contorno, demarcada, por exemplo, pela relação entre oralidade e escritura, isto é, pela fugacidade do texto falado em relação à perenidade do registro escrito. Dito de outra forma, se para Benjamin "são conhecidas as monstruosas modificações que a impressão – a reprodução técnica da escrita – provocou na literatura" (Benjamin, 2019: 54), por sua vez, Adorno irá contribuir para a questão sob outra ótica, em uma palestra realizada na *Primeira Conferência Europeia de Pedagogia*[40], intitulada *Educação de pessoas livres de preconceito* (*Erziehung vorurteilsfreier Menschen*).[41]

Foi, justamente, por motivo dessa publicação que o filósofo registrou, como nota de rodapé do seu escrito, sua posição contrária à

---

[39] Então professor do curso de Radiodifusão da Faculdade de Jornalismo, da Universidade de Suffolk.

[40] O evento aconteceu entre 30 de outubro e 03 de novembro de 1962, em Wiesbaden/Frankfurt.

[41] A conferência foi publicada somente no ano de 1964, sob o título *Como combater o antissemitismo hoje* (*Zur Bekämpfung des Antisemitismus heute*), no número 29, do periódico alemão *Das Argument*.

THEODOR ADORNO & WALTER BENJAMIN: EM TORNO DE UMA AMIZADE ELETIVA

reprodução de qualquer texto originariamente concebido para a fala, mediante sua fixação por escrito: "está claro que a palavra falada e a escrita certamente divergem em sua eficácia particular mais do que hoje". Em outras palavras, Adorno afirma que "se o autor falasse da maneira como, compromissado com a exposição objetiva, deveria escrever, ninguém lhe entenderia; o que ele diz oralmente não pode atender ao que se exige de um texto escrito" (Adorno, 2010: 365).

Considerando que à época – e mais ainda hoje – percebe-se em geral a tendência de transmitir eletronicamente tudo o mais que se diz espontaneamente, de forma livre, não por outra razão, Adorno "vê nisto um sintoma daquele comportamento do mundo administrado que fixa até a palavra efêmera, que tem sua verdade em sua própria condição temporária" (Adorno, 2010: 365). Indo além, se para Benjamin a questão da reprodução mais se atém à esfera da imagem, com ênfase para novos recursos técnicos como a fotografia e o cinema, para o amigo e interlocutor o assunto se mostra mais profícuo na esfera da música, inclusive por sua natureza acentuadamente subjetiva.

Aliás, vale mencionar que Benjamin, em parte, não desconsiderou tal abordagem, conforme registra em seu ensaio *A obra de arte* ao lembrar que "a reprodução técnica do som iniciou-se no final do século passado", referindo-se, é claro, ao século XIX. No entanto, apesar da observação feita, o que se vê é que esta afirmação mais se atém à esfera técnica do que propriamente à musical, especificamente ligada ao cinema sonoro, à época, como uma novidade entre as mais recentes novidades, introduzida, como se sabe, no ano de 1927. Ou seja, somente oito anos antes da elaboração do referido escrito sobre a reprodutibilidade, de Benjamin.

Assim é que, referindo-se ao som não como matéria prima da música e sim como recurso técnico voltado para a fala, Benjamin escreve: "nada é mais instrutivo para o estudo desse padrão do que o impacto de suas duas manifestações distintas – a reprodução da obra de arte e a arte cinematográfica – sobre a arte em sua forma convencional" (Benjamin, 2019: 55). Resume-se aí sua observação sobre a matéria.

POPULARIDADE E TOTALITARISMO: DUAS FACES DA CULTURA MASSIFICADA

Ao contrário do amigo, Adorno reputa à música a condição prioritária nos procedimentos de reprodução – aliás, não somente técnica –, podendo-se dizer que para o filósofo o termo 'reprodução', diferente da acepção atribuída em geral, é entendido não em termos da replicação do objeto musical – ou mesmo de sua execução técnica mediada por aparelhos –, mas, sim, no sentido em si da interpretação, considerando, inclusive, o lugar de destaque que a questão irá ocupar em vários de seus escritos musicais desde pelo menos a primeira metade dos anos 20, a exemplo do primeiro deles referente ao assunto, intitulado *Sobre o problema da reprodução* (*Zum Problem der Reproduktion*).

Este precoce ensaio foi escrito em março de 1925 na pousada *Luisenhein*, onde se encontrava hospedado durante seu período de estudo com Alban Berg em Viena, período esse considerado como de fundamental importância para a formação musical do filósofo. Dedicando-se ao assunto desde anos antes, sabe-se que a partir dessa época, Adorno inicia o registro de uma série de apontamentos originais objetivando a elaboração de um projeto teórico sobre a reprodução musical jamais concluído. Inicialmente previsto para ser escrito em conjunto com o amigo violinista Rudolf Kolisch, o livro inacabado foi, no entanto, objeto da atenção do filósofo por praticamente toda sua vida.

Referindo-se ao projeto de *Para uma teoria da reprodução musical* (*Zu einer Theorie der musikalischen Reproduktion*), Adorno menciona esse trabalho nos seguintes termos, em carta a Benjamin datada em 05.04.1934: "agora estou decidido a iniciar meu novo livro tão logo possível sejam quais forem as circunstâncias. Será uma teoria da reprodução musical, uma obra que venho ruminando por quase dez anos" (*in* Adorno & Benjamin: 93).

Com efeito, estima-se mesmo que os primeiros escritos para o projeto datem de inícios dos anos de 1920, escritos esses que ele e Kolisch tentaram a quatro mãos dar prosseguimento até 1935, com pouco resultado efetivo, restando, no entanto, um conjunto significativo de notas e esboços, postumamente publicados. Sob tal princípio teórico, Adorno afirma que a genuína reprodução se constitui como o raio X da obra musical, abarcando a representação (*Darstellung*) dos elementos objetivos e subjetivos ocultos sob uma dada superfície sonora.

Sobre o conceito de reprodução genuína (*Genuine reproduction*) o filósofo o contrapõe ao de reprodução-citação (*Quotation-reproduction*), constituída como a imagem idêntica de um original, ou seja, uma mera reprodução do existente, mencionando o cinema como um de seus exemplos mais expressivos: "no cinema – na *mésalliance* entre romance e fotografia – a também-suposta-poesia se faz total; está tão presente em cada detalhe, que já não precisa em absoluto se pronunciar como tal". E realmente, é também sob a égide dessa 'má aliança' que a própria música participa ativamente do cinema, como lembram Adorno e Horkheimer ao mencionar que "o «óh!» de admiração que a objetiva do close ainda desperta, é expresso pela música lírica de acompanhamento" (Adorno & Horkheimer, 2007: 283).

Sob outra ótica, Benjamin, em suas anotações e esboços para o escrito sobre a arte técnica também se refere à música de cinema – embora partindo de pressupostos antagônicos àqueles postulados pelo amigo frankfurtiano –, ao afirmar que "aquilo que surgiu no filme mudo como «música de acompanhamento» era – do ponto de vista histórico – a música que aguardava – «fazia fila» – diante dos portões do filme" (Benjamin, 2019: 146). E ao postular que somente "depois a música obteve acesso ao filme", o filósofo berlinense parece polarizar a realização musical no cinema entre antes e depois do advento técnico do registro sonoro mecânico, atribuindo à música uma função secundária, de citação mesmo, no processo de desenvolvimento do então novo recurso tecnológico – gráfico-cinético – que forjou sua existência mediante a imbricação condicional entre elementos pictóricos e sonoros para seu discurso subjetivo. Isto é, estáticos e dinâmicos – ou como assinalado por Hegel em sua *Enciclopédia*[42], "*das Neben und das Nacheinander*", respectivamente, o "junto-a-outro" e o

---

[42] *Enciclopédia das ciências filosóficas* (*Enzyklopädie der philosophischen Wissenschaften*), 1817-1830.

"depois-de-outro"[43] – ou seja, simultâneos e sucessivos ligados às esferas espacial e temporal, sendo o espaço, "objetividade abstrata" e o tempo, "abstrata subjetividade"[44].

Partindo de uma atribuída supremacia do filme sonoro sobre a sonorização do filme, ou em outras palavras, da música gravada em relação à *performance* ao vivo, Benjamin argumenta que "com o filme sonoro, muitos problemas da «música de acompanhamento» foram liquidados de um só golpe. Seu caráter, na aparência puramente formal, revelou-se como função de um estágio precoce, rapidamente superado, do desenvolvimento técnico" (Benjamin, 2019: 146-147). Mais preocupado, digamos assim, com a instância objetivo-discursiva própria do cinema – a qual Adorno se referiu como "*mésalliance* entre romance e fotografia" –, Benjamin parece buscar na música justamente o aspecto espacial, estático, que notoriamente não diz respeito ao fenômeno sonoro, ao mencionar que "o filme sonoro tornou possível à música identificar-se não apenas com o seu «de onde» – botequim ou capela militar, pianista ou gramofone – mas também com o seu «o quê»" (Benjamin, 2019: 147).

Diametralmente oposta à reprodução-citação, Adorno se refere à reprodução genuína como sendo aquela que tem o potencial de novamente produzir o objeto original, diferentemente da reprodução que se constitui como citação de um original, idêntica a uma imagem do existente, como tal. E ao afirmar que "a citação é reprodução em declínio", alude o filósofo que "a reprodução genuína estaria em uma relação de tensão com seu objeto e o realizaria ao produzi-lo novamente", ampliando o significado do próprio conceito de reprodução, dando a ele outra acepção de sentido menos comum, mais ativo e dinâmico. Ao contrário da reprodução genuína, Adorno assegura que por sua precária condição de mera réplica "a reprodução-citação se desfaz de toda espontaneidade, dissolve toda tensão em relação ao objeto e se apropria de todos os seus particulares como itens fixos e reificados" (Adorno, 2009: 158).

---

[43] Cf. Hegel, § 20. Vol. I. 2005: 127-128.
[44] Cf. Hegel, § 258. Vol. II. 2005: 316.

Por outro lado, se, como Benjamin sugere, o valor da reprodutibilidade técnica, mesmo como reprodução-citação, reside na possibilidade de acesso das massas à produção artística em massa – dando como exemplo desse fenômeno o cinema –, por sua vez, Adorno enfatiza que na arte a questão da reprodução genuína deve levar em conta não somente «o como» referente ao acesso, mas, também, a «o quê» se dará acesso em termos de conteúdo.

Sem perder de vista o aspecto crítico que encerra a questão, Benjamin, em inúmeros trechos de seu escrito referente à reprodutibilidade técnica, menciona os ganhos advindos da maximização da produção industrial da arte ao observar, por exemplo, que, por meio de tal relação, as massas de participantes geraram uma forma modificada de participação. Em sua defesa de uma arte técnica com potencial quantitativo de penetração em camadas sociais até então dispersas e alijadas dos processos de formação da sensibilidade, sem condições de concentração para a fruição da arte e impedidas por isso mesmo de participar da vida cultural subjetiva, o autor se refere ao aspecto quantificado da produção como um meio eficaz objetivo.

Ocorre que tal abordagem – de caráter mais objetivo do que subjetivo – deixa sem resposta a questão que caracteriza a arte em sua imanência, para além de ideais objetivos humanistas e politicamente justos, mas que ainda assim se configuram enquanto falsa consciência da arte, desintegrando e pondo em cheque também a própria questão política enquanto forma de ação.

Não é por outra razão que Benjamin, ao mesmo tempo, inserindo a questão no âmbito da divisão entre teoria e práxis, escreve: "aquele que se concentra diante da obra de arte imerge nela [...] Por outro lado, a massa dispersa imerge por sua vez a obra de arte em si, resolve-a com sua ondulação, envolvendo-a em sua torrente" (Benjamin, 2019: 94-95), levando em conta o fato de que, na arte, dispersão e concentração encontram-se em franca oposição. Não coincidentemente, Adorno e Horkheimer, em consonância com o dizer de Benjamin, irão observar que "a técnica da reprodução mecânica como tal já apresenta, em virtude do que fez com o original, o aspecto daquilo que não oferece resistência" (Adorno & Horkheimer, 2007: 291), remetendo à própria ineficácia de tal estratégia.

Reflexos de uma ideia de progresso que em termos públicos favorece "a massificação dos indivíduos por meio do acaso de seus interesses privados" (Benjamin, 2000: 58), Benjamin debita ao processo de construção das civilizações modernas a precarização do humano não somente na esfera do econômico, mas, também, no âmbito de uma subjetividade que se torna, como consequência de uma espécie de mercantilização das coisas do espírito, cada vez mais objetiva. Não foi também por coincidência que Benjamin se referiu a um dizer de Baudelaire, que perguntava: "O que são os perigos da floresta e da pradaria comparados com os choques e conflitos diários do mundo civilizado?" (Benjamin, 2000: 37).

Urdida no âmbito de uma Modernidade que, absolutizada em termos radicais, não prevê no vindouro a possibilidade de tornar-se Antiguidade, é essa concepção de progresso que o filósofo aponta como incerta ao afirmar que "ficamos pobres" não somente no óbvio sentido material, mas, principalmente, naquilo que caracteriza o indivíduo no domínio de sua subjetividade. Em suas palavras, "abandonamos uma depois da outra todas as peças do patrimônio humano, tivemos que empenhá-las muitas vezes a um centésimo do seu valor para recebermos em troca a moeda miúda do «atual»" (Benjamin, 1985: 119), contribuindo para o dizer de Adorno de que "a capacidade humana de experimentar coisas se atrofiou" (Adorno, 2014: 558).

Por tudo isso, pode-se dizer que ambos os pensadores, por caminhos muitas vezes inversos, convergiram na reflexão da possibilidade concreta de realização da liberdade, com vistas à possibilidade de superação do ainda hoje atual quadro de precariedade objetiva e subjetiva das sociedades.

Reafirma-se, portanto, que o relacionamento construído por Benjamin e Adorno ao longo de mais de duas décadas representou para a história da filosofia e da cultura no Ocidente um dos mais notáveis exemplos conhecidos, sem perder de vista as mais profundas diferenças teóricas e de concepção existentes entre ambos, podendo essa amizade – intelectualmente qualificada por uma determinação crítica ilimitada – ser caracterizada no sentido mais pleno daquilo que resume o pensar dialético: a possibilidade de convergir na diferença, dando a algo estabelecido mais de um significado.

PARTE IV

SOBRE O ESPÓLIO
DE WALTER BENJAMIN

CARTAS DE GERSHOM SCHOLEM E THEODOR ADORNO[45]

Aproximados dois meses após a morte de Benjamin, Scholem, em carta dirigida a Adorno em 11 de novembro de 1940, escreve:

Querido Sr. Adorno:

Não preciso lhe dizer o que significa para nós a morte de Benjamin e o quanto me interessa, na medida do possível, inteirar-me de tudo o que esteja relacionado à última etapa de sua vida. De algum modo e dentro daquilo que as circunstâncias atuais permitem, creio que é obrigação de seus amigos encarregarem-se de salvar seus escritos e ocuparem-se de conservar a dignidade de sua memória. Os acontecimentos históricos deste mundo são de tal ordem que a perda de um homem genial praticamente passará despercebido nesse torvelinho terrífico e, no entanto, há muitas pessoas para as quais a lembrança deste morto permanecerá viva. Rogo-lhe que me escreva acerca de tudo o que você souber e sobre qualquer coisa que se valha inteirar. No caso de não se terem conservados

---

[45] A seleção dos trechos aqui apresentados foi traduzida para o português pela autora a partir da edição compilada das cartas em língua espanhola, vertidas do original em alemão *"Der liebe Gott wohnt im Detail" Briefwechsel 1939-1969*, por Martina Fernández Poluch e María Graciela Tellechea.

esses escritos, nem eles cheguem a você em Nova York, eu sou provavelmente a única pessoa que possuo uma coleção relativamente completa de todos os escritos de Benjamin. Quem sabe chegará o momento em que se possa utilizar este legado tão valioso. Deve haver muitos mais manuscritos em sua casa do que ele publicou, e não preciso dizer-lhe o quanto considero importante saber que, chegado o momento, essas coisas estarão em lugar seguro.

Seu,

Gerhard Scholem.

Oito dias depois, em 19 de novembro de 1940, em resposta, Adorno escreve a Scholem e entre outras notícias informa:

Querido Sr. Scholem:

Os manuscritos de Walter aparentemente estão a salvo e estamos empenhando todos os esforços para trazê-los para cá. Quando souber mais a respeito, lhe informo em detalhes. Não é necessário dizer que de nossa parte faremos tudo para salvar o que for possível. Algumas coisas estão no Instituto, outras temos conosco e outras Wissing[46] as têm. O que me parece mais importante é reunir todos os escritos de Benjamin com o objetivo de publicar uma edição completa. Quero pedir-lhe o favor de nos ajudar nessa tarefa nos enviando cópias de tudo o que você puder.

---

[46] Ergon Wissing (primo de Benjamin por parte de mãe) e (Lotte) Liselotte (Karplus) Wissing (a única irmã de Gretel) casaram-se em 30 de maio de 1940. Gretel manteve contatos frequentes com Wissing, antes mesmo do seu casamento com Adorno e, sobretudo, depois de emigrar para os EUA, estendendo, assim, a relação de amizade para uma relação familiar. Em carta a Gretel, comentando sobre a relação amorosa entre Ergon e Lotte, Benjamin escreve: "Aí estamos então, você e eu prestes a acenarmos um ao outro como duas pequenas folhas de uma árvore genealógica", *in* Gretel & Benjamin: 340.

Dos grandes textos de Benjamin faltam dois: o trabalho sobre Hölderlin, do qual me falou muitas vezes, mas que nunca pude ler, e o trabalho extremamente importante, do qual conheço, sobre destino e caráter, publicado em *Os Argonautas*. Você os tem? Também me falta sua tese doutoral, mas isso não deve ser tão difícil de conseguir.

Como você sabe nossa revista agora é publicada em Inglês. Mas fazemos um tomo final em alemão que queremos mimeografar e distribuir em quantidades limitadas [...] Nos interessaria muito que essa edição tivesse um texto inédito de Benjamin. Pensamos naquele *exposé* francês, mas talvez se encontre algo que represente Walter de forma mais plena. Você se lembra de algo? Tenho vivamente em minha memória uma carta sobre Kafka, que você leu para nós uma vez aqui. Você a disponibilizaria para nós?[47] E o que mais podemos considerar? O *Hölderlin*? Além do maravilhoso ensaio sobre Baudelaire que, se necessário, poderíamos publicar parcialmente, embora não esteja à altura do ensaio impresso. Também estamos de posse de grande parte de seu manuscrito *Infância em Berlim*, escrito a mão por ele mesmo, mas muito disso já foi publicado nos periódicos.

Saudações de todo o coração, também de Gretel,

Lealmente seu,

Teddie Wiesengrund-Adorno.

---

[47] Aproximados oito meses depois, em 17.7.1941 Scholem escreve a Adorno: "Entre outras coisas, lhe enviei uma cópia da carta sobre Kafka que me havia solicitado". Não tendo resposta de Adorno, em 25.1.1942, Scholem reitera o comunicado: "Lhe enviei uma cópia da carta de Walter Benjamin sobre Kafka, mas não tive um retorno seu até agora", recebendo de Adorno, em 19/2/1942, a seguinte resposta: "A última carta que recebi a respondi de imediato e nada, entretanto, chegou até mim, tampouco a cópia da carta de Walter sobre Kafka", *in* Adorno & Scholem: 39-42.

Passado pouco mais de um ano, em 19 de fevereiro de 1942 Adorno escreve a Scholem comunicando novidades alvissareiras acerca do espólio de Benjamin:

Querido Sr. Scholem:

O mais importante que tenho para lhe dizer é que chegaram a nós aqui em Nova York duas valises com manuscritos e livros de Walter. Um amigo de Walter, o doutor Domke, as trouxe aqui [...] Elaborei um catálogo completo do conteúdo dessas valises. Ele é muito mais completo em relação a trabalhos dos últimos anos do que os do período inicial de Walter. Ainda assim, há relativamente pouca coisa que eu não conhecia. As mais importantes são uma seleção de notas extremamente marcantes com o título de *Central Park* (um duplo sentido que se refere à importância das notas, bem como a seus planos de vir à Nova York) que evidentemente constituem o núcleo da última grande parte do livro sobre Baudelaire que nunca foi escrito. Também estão as *Teses de filosofia da história* escritas na primavera de 1940, que você provavelmente conhece. No entanto, não há sequer um rastro do trabalho das *Passagens* em todo esse vasto material, que sem dúvida se encontra em algum lugar. Existem rumores de que estaria depositado na Biblioteca Nacional de Paris. Há alguma esperança de que esteja guardado lá e que possamos encontrar esse material depois da guerra. Entre os livros se encontra o volume difícil de conseguir de os *Argonautas*, que contém o trabalho *Destino e caráter*, que eu não conhecia, mas que é um tipo de anteprojeto de toda a filosofia de Walter, e também um trabalho sobre *O Idiota*, de Dostoievski. Seu antigo trabalho sobre Hölderlin – pelo que entendi uma interpretação de *"Patmos"* que nunca li, mas que ele mesmo tinha em alta estima –, no entanto, não se encontrava entre os manuscritos. Você o tem?

Qualquer assunto sobre uma edição das obras de Walter só poderá ser encarado após o fim da guerra. Mesmo assim, já é uma alegria que existam várias pessoas que possuam uma espécie de arquivo Benjamin. Para além do material que você possui, bem como o nosso material particular e o farto material do Instituto, um velho amigo de Walter,

Cohn, tem um arquivo bastante completo que sem dúvida colocaria à disposição. Acredito que também você deva ter diversas coisas que de outro modo seriam inacessíveis e que se combinarmos nossos esforços será possível reconstruir grande parte da obra de Walter. O que temos previsto fazer agora é publicar um número em alemão mimeografado de nossa revista dedicado à memória de Walter que irá conter suas teses de filosofia da história (o último texto que concluiu), um trabalho sobre a dialética do esclarecimento que Horkheimer e eu acabamos de concluir e meu próprio trabalho sobre George Hofmannsthal, o último de meus escritos que Walter leu e aprovou.

Muito cordialmente seu,

Teddie W. Adorno.

No mês seguinte, em 27 de março, Scholem responde a Adorno:

Querido Sr. Adorno:

Sua carta aérea de 19/2 chegou ontem para a minha alegre surpresa e lhe respondo de imediato com a esperança de que também o caminho inverso não demore mais do que 4 semanas [...] O extravio de minhas cartas de princípios do ano passado me dói muito. Nelas lhe encaminhei um resumo do espólio de Benjamin, de acordo com o que tenho em meu poder. Claro que tenho muito interesse em contribuir agora mesmo para a compilação de todos os escritos de Benjamin em um lugar seguro nos Estados Unidos, com vistas a uma possível edição após a guerra [...] Com exceção dos trabalhos editados na revista *Der Anfang* (1912-14), basicamente tudo o que foi escrito e publicado a partir de 1915 está em meu poder, salvo algumas coisas irrelevantes ou trabalhos no máximo ocasionais, dos quais se pode conseguir facilmente uma cópia. A totalidade de suas críticas importantes e de seus ensaios críticos está comigo. Dos escritos inéditos tenho, obviamente, só uma parte. As *Teses de filosofia da história*, da primavera de 40, nunca as recebi e, por isso, espero com grande ansiedade esta sua publicação. No entanto, possuo o único exemplar que seguramente ainda existe do trabalho sobre Hölderlin do ano de 1915, do qual ele sempre teve, como você notou com razão, um grande apreço. Trata-se de um escrito esotérico no mais alto grau, extraordinariamente conciso e denso. Não é – como você acredita – uma interpretação de *"Patmos"* de Hölderlin, mas um estudo sobre os dois poemas *"Coragem de poeta"* e *"Humilhação"* relacionados entre si. Em uma publicação de seu espólio, este estudo deveria aparecer em primeiro lugar. Além do mais, possuo de seus primeiros escritos, a obra principal do movimento da juventude, que ficou inacabada, a *"Metafísica da juventude"*, das quais, somente duas das seis partes (*"das Gespräch"* [a conversação] e *"das Tagebuch"* [o diário íntimo]) foram concluídas. Além desses, guardo vários artigos desordenados e inéditos dos anos de nossa passagem juntos pela Universidade, 1916-1919, entre eles também o manuscrito *"Sobre o programa da filosofia futura"*, de 1918, *"Sobre a linguagem em geral e sobre a linguagem dos homens"*, uma carta de 23 páginas dirigida a mim no ano de 1916. Desta última foram retiradas algumas passagens literais para o livro sobre *A origem do drama barroco* [...] Para mim seria muito bom se fosse possível publicar até 15 de julho, no quinquagésimo aniversário de Walter, o número da revista em memória a ele que você mencionou. Eu não teria nenhum problema se você decidir incluir nela a carta dirigida a mim sobre Kafka.

Além do mais, seria extremamente importante fazer uma compilação da correspondência de Benjamin. Dos primeiros anos deve haver uma grande quantidade de cartas muito interessantes com várias pessoas, daquelas que tenho conhecimento, mas que talvez não tenham sido conservadas [...] Quem sabe existe a possibilidade de reunir todas essas coisas transcritas em algum lugar? [...] Se quiser, por exemplo, me enviar um catálogo de todos os escritos e artigos de Benjamin que você e seus amigos possuem, eu poderia compará-lo e completá-lo com o meu. Você acha que algo assim pode ser feito?

Com a esperança de um reencontro, afetuosamente, seu

Gershom Scholem.

Passados sete anos, período no qual a correspondência entre ambos segue seu curso, em 9 de maio de 1949, Adorno reporta a Scholem, entre outras, notícias sobre o tão aguardado paradeiro do trabalho das Passagens, de Benjamin.

Querido Sr. Scholem:

No começo do ano passado, finalmente, consegui o material sobre as *Passagens* que estava escondido na *Bibliothèque Nationale*. Durante o último verão estive estudando-o minuciosamente e foram surgindo problemas que preciso discutir com você. Hoje, ao menos, quero mencioná-los. O que mais me preocupa é a extraordinária ausência na elaboração de reflexões teóricas em face do imenso tesouro de extratos. Isso se explica em parte com uma ideia formulada explicitamente em um parágrafo (que para mim é problemática) de simplesmente "montar" o trabalho, ou seja, juntar as citações de modo tal que as proposições sejam percebidas sem qualquer interpretação. No caso de isso ter sido realmente possível, só mesmo Benjamin teria condições de conseguir, mas eu, é claro, nesse sentido sou fiel ao ponto de vista da fenomenologia do espírito de Hegel: que o movimento do conceito, da coisa (*Sache*) mesma, é ao mesmo tempo também o movimento pensante explícito do sujeito que analisa. A única coisa que poderia refutar esta concepção seria a autoridade dos textos sagrados, mas a ideia destes é precisamente o que o trabalho das *Passagens* evitou. Se, como eu gostaria, não tomarmos ao pé da letra o plano de montagem, é possível pensar que inúmeras citações digam respeito a certas reflexões que Benjamin não as tenha escrito, do mesmo modo que, por exemplo, um compositor ao apontar uma ideia não assinala a instrumentação, porque a tem presente por meio do timbre. O material teórico que ficou registrado nesses esboços em sua maior parte integrou o *Baudelaire* ou as teses *Sobre Filosofia da história*.

Outra dificuldade é que, embora haja um plano geral de trabalho e uma distribuição criteriosa do material seguindo palavras-chave, não há nada que permita que a construção seja elaborada minimamente do modo que ele imaginou. Por outro lado, a publicação desordenada do material não seria de nenhuma utilidade, porque da forma em que está não é possível perceber a sua intenção. Por isso, gostaria de pensar cuidadosamente com você o que fazer se quisermos manter a mais estrita fidelidade à causa e ao mesmo tempo apresentar algo razoável.

Cordialmente seu,

[Adorno].

Aproximados dois anos depois, Scholem, em carta dirigida a Adorno, de 5 de janeiro de 1951, escreve:

Querido senhor, mestre da sabedoria e colega:

Recebi ontem do editorial Suhrkamp a *Infância em Berlim* e quero expressar meu agradecimento também a você por seu esforço de finalmente levar a termo a edição deste livro. Tenho comigo aqui em Jerusalém o seu manuscrito desde fins de 1932 e no transcorrer de nossa troca de correspondências, Walter Benjamin me comunicou que seguiria meu conselho de suprimir o fragmento *"Despertar do sexo"*. (Meu argumento foi, se não me engano, que a única aparição do judaísmo neste contexto iria certamente dar uma impressão completamente distorcida aos leitores não judeus. Visto que em nossas experiências da infância (e também nas dele) o judaísmo, como sempre desvirtuado, pareceria em outros casos totalmente diferente e tão inesperado quanto excitante; para que se possa então, deste modo, tratar com toda razão esse fenômeno também de uma maneira diferente ou nem mesmo fazê-lo publicamente). Então, o motivo pelo qual este fragmento se encontrava no manuscrito que baseou a impressão do livro será algo que talvez você possa explicar melhor do que eu [...].

Suponho que foi você quem escreveu o belo posfácio que fecha o *"Hölderlin"*. Estou muito comovido por tudo isso [...] Me alegraria muito se a partir de agora estiver aberto o caminho para a também publicação de outros volumes. Se eu puder ser útil com o material que tenho, quando for oportuno, pode contar comigo.

Com reiterados agradecimentos e meus melhores cumprimentos, também para sua esposa.

Seu,

Gerhard Scholem.

Como resposta, em 15 de janeiro Adorno esclarece a Scholem:

Querido Sr. Scholem:

Muitíssimo obrigado por sua carta de 5 de janeiro, que hoje recebi com grande alegria. É realmente uma pena que não tenhamos podido discutir os problemas referentes à *Infância em Berlim* durante o período em que eu estava preparando a publicação. Eu não tinha qualquer conhecimento sobre o acordo de suprimir *"Despertar do sexo"*, e nem nos dois manuscritos originais nem nas cópias datilografadas se encontrava nenhuma referência a respeito.

Meus melhores cumprimentos, também de Gretel, seu cordial e atento servidor,

T. W. Adorno.

Vale também assinalar que nessa mesma missiva, Adorno comunica a Scholem mais uma iniciativa de edição de outro escrito de Benjamin: "no número de dezembro da *Neue Rundschau*, de Ficher, foram publicadas as teses *Sobre o conceito da história*", informando, também, que: "Stefan me deu plenos poderes para a publicação pela Suhrkamp". E por fim complementa: "Com Dora Sophie estamos em permanente contato". Um ano após, entre outras cartas trocadas, em

22 de fevereiro de 1952, Scholem – tendo em vista a oportunidade de uma viagem à Alemanha e Holanda, com previsão de uma parada em Frankfurt – volta a inquerir Adorno sobre novas perspectivas de publicação da obra de Benjamin:

> Querido Sr. Adorno:
>
> Como vão os planos sobre o legado de W. B.? Poderia levar comigo os textos necessários para fazermos cópias, se é que já não os tenha obtido.
> Com afetuosos cumprimentos também para sua esposa.
> Seu,
>
> Gerhard Scholem.

Passado um período de oito meses, Adorno escreve a Sholem referindo-se, entre outros, ao projeto de publicação de uma coletânea de textos de Benjamin, em dois volumes, elaborada por ele e Gretel, a ser levada a cargo pelo editorial Suhrkamp. Datada de 11 de outubro, na missiva, Adorno aproveita a oportunidade para informar também a Scholem sobre o andamento de organização do trabalho das *Passagens*, bem como a iniciativa da guarda do material original:

> Querido Sr. Scholem:
>
> Trata-se de duas questões ligadas à edição de Benjamin. Por um lado: Suhrkamp deseja incluir a *Infância em Berlim* na edição. Posto isso, me recordo de você haver comentado que tem em seu poder um texto, creio que se intitula *"Krumme Lanke"*, que não se encontra nos manuscritos que tenho aqui e que nem sequer conheço. Gostaria de publicá-lo na edição definitiva e lhe ficaria muito grato se enviasse uma cópia a Suhrkamp indicando que o mesmo faz parte da *Infância*. Por outro lado, você disse que em um determinado momento havia combinado com Benjamin

que o texto *"Despertar do sexo"*, que também não considero muito bem realizado, era para ser excluído. Eu vou apoiá-lo nesse assunto; de todo modo, será de grande ajuda se puder comunicar a Suhrkamp que você e Benjamin estavam de acordo sobre o assunto [...] Além disso, por iniciativa de Suhrkamp me coloquei à disposição para escrever uma introdução especial para o projeto das *Passagens* e, dentro do possível, explicitar a coesão existente nele [...] Para não expô-lo novamente ao risco de viajar mais de 6.000 milhas pelo correio, coloquei todo o material de Benjamin nas boas mãos de Suhrkamp.

Com muito afeto, sempre seu,

Teddie Adorno.

Quase um ano depois, entre negociações e acertos de natureza comercial por parte da editora, o projeto de publicação em dois volumes da obra de Benjamin continua em pauta, embora sem uma ainda definição quanto a formato e prazos de finalização, motivo pelo qual Scholem escreve a Adorno em 22 de setembro de 1953:

Querido Sr. Adorno:

Alegra-me muito o panorama promissor para a edição de Benjamin da qual você me informa e espero que agora seja concretizado um acordo em bons termos, ainda que se tenha de fazer concessões. Você sabe que estou convencido de que uma edição incompleta será nesse caso melhor que absolutamente nenhuma e só posso apoiá-lo nisso não deixando que nada fracasse por uma questão de *"technicalities"*, na medida do que depende de sua capacidade de persuasão.

Seu,

Gerhard Scholem.

E em 18 de dezembro, Scholem recorre novamente a Adorno buscando notícias sobre o projeto em questão, sem obter resposta, ocasionando a remessa de outra correspondência, datada em 5 de janeiro do ano seguinte:

Querido Sr. Adorno:

Há três meses não sei nada sobre você e nem se foi possível chegar-se a um acordo amigável para a questão dos escritos de Benjamin. Seria muito amável de sua parte se me desse alguma notícia sobre o estado das coisas.

À sua mulher e a você os melhores desejos, de seu,

Gerhard Scholem.

Meu querido senhor:

Espero inteirar-me de sua parte sobre o estado da situação em que se encontra a realização da edição de Benjamin.

Muito obrigado e saudações a sua esposa e a você, de seu,

Gerhard Scholem.

No entanto, Adorno, antes mesmo de haver recebido a segunda correspondência de Scholem, responde a ele em 6 de janeiro:

Querido Sr. Scholem:

Muitíssimo obrigado por sua carta de 18/12. Nada me alegraria mais do que poder lhe dizer algo positivo sobre o assunto da publicação dos escritos benjaminianos. Mas, continua sem ser o caso. Apesar de que, com respeito às questões técnicas relativas à publicação que estavam sendo discutidas, que no fundo eram bastante insignificantes, eu tenha feito todo o tipo de concessões a Suhrkamp – tal como propôs você – ele continua sem se decidir a dar uma resposta positiva [...] Como o conheço muito bem, não me pareceu inteligente forçar a coisa; há que se esperar um pouco e, por outro lado, mobilizar algumas ajudas externas. *À la longue* estou otimista, considerando o fato de que o editorial acaba de ter êxito comercial muito grande com alguns livros, que deveriam possibilitar a Suhrkamp compensar o risco que implica a edição de Benjamin. Não tenho a menor dúvida de que, em última análise, por trás da dificuldade inesperada e relativamente irracional estão as ponderações materiais implícitas [...] Mas você pode contar que estarei acompanhando o caso de perto.

Com todo o afeto para você e sua esposa, também de Gretel, seu,

Teddie Adorno.

Somente pouco mais de um ano depois, Adorno, em carta datada de 5 de abril de 1955, pôde finalmente comunicar a Scholem a decisão positiva do editorial, somando a essa a também decisão de publicar, além dos dois volumes em questão, mais um trabalho de Benjamin, para a grande alegria de Scholem que responde a Adorno logo no mês seguinte, em 1° de maio:

Querido Sr. Scholem:

Hoje tenho boas notícias para lhe transmitir: Suhrkamp está preparando uma ampla edição de Benjamin em dois volumes. Chegar a esse ponto foi quase uma odisseia. A cantilena, desde o início, você conhece bem [...] A edição já está indo para a revisão, é claro que, em princípio, o que já existe em formato de livro; todos os manuscritos são cuidadosamente verificados por nós novamente antes que possam ir para a revisão. Gretel e eu somos os editores.

Além disso, a "Bibliothek Suhrkamp", como antecipação à grande edição, digamos assim, irá publicar *Rua de mão única* em uma tiragem considerável de 5000 exemplares [...] Não é necessário lhe dizer sobre a felicidade que sinto por essa vitória.

Com todo o afeto para você e Fanja, também de Gretel, seu velho,

Teddie Adorno.

Querido Adorno:

Sua carta de 5 de abril com a boa notícia sobre o lançamento da edição de Benjamin chegou a mim recentemente, há três dias, quando retornei de Roma, onde me encontrava desde 14 de abril, em um congresso de historiadores da região (puras bobagens). Não entendo por que sua carta não chegou às minhas mãos antes do dia 13 [...] Receba meus cumprimentos pelo sucesso de seus esforços.

Saudações afetuosas a ambos, também da parte de minha esposa,

Seu, G. Scholem.

Passados oito dias, Adorno, reportando-se a uma carta de Scholem, datada em 27 de março de 1942, retoma o assunto sobre uma possível publicação das correspondências de Benjamin, sendo respondido por Scholem cinco dias depois, em 14 de maio de 1955.

Querido Sr. Scholem:

É provável que também lhe interesse saber que apareceu uma grande parte da correspondência de W. B. com Rang. Estamos considerando seriamente a ideia de publicar um tomo de cartas. Claro que isso só seria possível com a condição de que você também ponha à disposição o que tem. Gretel e eu possuímos, também, material volumoso de cartas.

Sempre seu,

Teddie Adorno.

Querido Sr. Adorno:

Certamente se poderia chegar a um acordo em bons termos sobre um tomo das cartas de W. B., contando ao menos com alguns dos destinatários mais importantes. Estou muito disposto a conversar com Suhrkamp e você sobre esse assunto. Eu mesmo tenho algo próximo a 300 cartas, muitas delas sumamente extraordinárias. Mas, se tipos como Brecht ou Bloch vão disponibilizar as cartas que têm me parece muito duvidoso. (As cartas de W. para mim não são necessariamente amenas em relação a Bloch, da forma que são um pouco mais entusiasmadas em seus elogios a Brecht). Claro que o aspecto judaico nestas cartas desempenha um papel sumamente importante para mim. Existem as cartas a Hofmannsthal? [...] Lamentavelmente todas as minhas cartas a W. B. se perderam em Berlim e Paris. Só guardei o rascunho e cópia de duas cartas consecutivas de março e maio de 1931.

Com os melhores desejos para a consecução desta edição, seu,

Gerhard Scholem.

Um ano depois, Adorno escreve a Scholem, em 9 de março de 1956, objetivando, entre outros assuntos, dar conta dos primeiros resultados alcançados pela acalentada publicação da edição em dois volumes dos escritos de Benjamin recém-lançada pela Suhrkamp, conforme previsto desde fins de 1952:

Querido Sr. Scholem:

Alegra-me poder lhe dizer que o êxito, tanto literário quanto nas vendas, supera em muito as expectativas. Não resta a menor dúvida de que o nome de Benjamin foi restabelecido da forma em que só pensávamos em sonho. O editor quase já recuperou o investimento, de modo que em breve Stefan também poderá contar com um benefício material.

Com muito afeto, também para sua esposa, e também da parte de Gretel,

Sempre seu,

Adorno.

No mês seguinte, em 4 de abril, Scholem responde a Adorno:

Querido Sr. Adorno:

Dediquei este inverno – além de terminar meu opus 1, que já está sendo impresso – à leitura dos *Escritos* de Benjamin. Foi muito emocionante ler todos eles juntos. Não consigo imaginar qual foi a repercussão e gostaria de ouvir algo de sua parte. Aliás, li sua introdução com grande admiração, mesmo ali nas partes em que você utilizou os apontamentos traçados por mim de uma forma completamente diferente.

A você e sua esposa saudações afetuosas, seu velho leitor,

Gerhard Scholem.

Dois anos após, Adorno volta a abordar com Scholem uma nova iniciativa de salvaguarda do legado de Benjamin, então em curso, informando sobre um projeto acadêmico de doutoramento junto à Universidade de Frankfurt, orientado por ele. Assim é que em 1° de agosto de 1958, escreve:

Querido Scholem:

É possível que lhe interesse saber que estou orientando um trabalho de doutoramento sobre Benjamin, que trata da tentativa de apresentar integralmente sua estética. O homem que o realiza, chamado Tiedemann, é sem sombra de dúvida um dos meus alunos mais talentosos. Além da tese, ele ficou encarregado de apresentar as teorias benjaminianas de sociologia da arte, articulando-as no seminário principal de sociologia, que no próximo semestre tratará de sociologia da arte. Como ele me disse ontem, o produto secundário de seu trabalho será uma bibliografia *raisonné* de Benjamin, o que já deveria ter sido feito há muito tempo.

Fielmente seu,

Adorno.

Um ano depois volta à baila a possibilidade de edição de parte significativa das correspondências de Benjamin, também por iniciativa do editorial Suhrkamp, motivo pelo qual Adorno se dirige a Scholem em carta datada em 25 de setembro de 1959, respondida, por sua vez, no dia 16 de novembro e replicada por Adorno uma semana depois, no dia 23. Em seguida, Scholem retorna a missiva detalhadamente, em 6 de dezembro, recebendo de Adorno uma nova resposta em carta de 17 de dezembro, na qual pondera sobre as questões formuladas por Scholem, procurando estabelecer bases concretas e metas possíveis para o bom desfecho da iniciativa proposta pelo editorial:

Querido Sr. Scholem:

Hoje só quero comunicar-lhe que em uma reunião há poucos dias, o novo diretor do editorial Shuhrkamp, o doutor Unseld, declarou-se definitivamente disposto em publicar uma seleção de cartas de Benjamin em um volume de aproximadamente 250-300 páginas. Quero perguntar a você se está disposto a dividir comigo as tarefas de edição; nesse caso, teríamos ainda que entrarmos em acordo sobre como formular a introdução.

Uma convocatória para que se possam reunir as cartas de Benjamin será publicada pela editora Suhrkamp em lugares importantes, entre outros também no *Aufbaus* de Nova York, o qual talvez seja o que mais provavelmente alcançará pessoas que ainda possuem algo relevante.

As melhores saudações, também da parte de Gretel. Seu velho,

Teddie Adorno.

Querido Sr. Adorno:

Em princípio me disponho a compartilhar contigo as tarefas de edição no caso de uma seleção das cartas de W. Benjamin para Suhkamp. Só teríamos que ver se seria possível organizar *in praxi* um trabalho conjunto ou ao menos uma classificação conjunta do material que conseguirmos reunir. E também seria necessário perguntarmos sobre as condições concretas para isso.

No caso de uma convocatória pública aos destinatários de cartas, sem dúvida necessária, na ocasião poderia ser mencionado nossos nomes como responsáveis pela edição [...] Todas as cartas antigas (1915-1923) as devolvi a W. B. por algum motivo (estúpido) determinado e isso é de verdade muito lamentável.

Com pressa, saudações afetuosas, seu,

Gerhard Scholem.

Querido Sr. Scholem:

Agradeço de todo o coração por sua resposta e sua concordância em editar comigo as cartas. Acredito que o *modus procedendi* é relativamente simples, ao menos para começar. Eu proporia que você revisasse o material que tem e eu faria o mesmo com o meu e que cada um fizesse uma seleção do que tem à disposição e enviasse ao outro para darmos nossa opinião. Ao mesmo tempo, me encarrego de publicar a convocatória nos principais jornais e escrevo cartas a uma série de pessoas das quais já tenho uma lista [...] No que respeita à introdução às cartas, se você estiver de acordo, eu lhe enviaria uma minuta para a sua apreciação crítica completa. Mas, lamentavelmente, até chegar a esse ponto ainda falta muito.

De todo o coração, para você e Fanja, também da parte de Gretel, seu velho,

Teddie Adorno.

Querido Sr. Adorno:

Muitíssimo obrigado por sua carta. Não sei se será tão simples encontrarmos um *modus* de trabalho em conjunto e ainda menos se um volume de uma extensão tão proporcionalmente limitada (250-300 páginas) faria justiça à causa, ao menos remotamente. Dado o caso, talvez devêssemos reivindicar algo mais amplo.

Entretanto farei o seguinte: eliminar as cartas que *prima facie* não entram em questão. O restante, que deve ser muito vasto, eu levaria comigo à Europa para decidirmos e selecionarmos juntos, no caso de não ser possível uma classificação anterior. Os problemas que surgem de imediato são:

1) A seleção também deve expressar uma espécie de imagem de sua vida, ou seja, do quadro biográfico?
2) Relatos de viagem?
3) Pronunciamentos de natureza crítica sobre pessoas que ainda estão vivas (por exemplo, nas cartas para mim, há muitos desse tipo sobre Ernst Bloch).

O material contém muito de tudo isso, bem como abundantes pronunciamentos sobre pessoas e livros (às vezes também contraditórios entre si, como você pode entender).

Em muitos casos, em parte, será necessário extrair de uma carta apenas trechos que se destacam em particular.

Por hora, calorosas saudações a você e sua esposa. Seu,

Gerhard Scholem.

Querido Sr. Scholem:

Não creio que as dificuldades de nossa comunicação na edição das cartas de Benjamin sejam tão grandes quanto você teme. Quanto à ampliação do volume, fico feliz em intervir nesse sentido, mas duvido do sucesso de tal intervenção, tendo em vista que um livro desta natureza não pode ter um grande público de antemão e a editora provavelmente não estará disposta a investir também um alto custo.

Por outro lado, de forma alguma quero que o projeto falhe nessa questão. Em 300 páginas, pode acomodar um bom número de cartas. O *modus procedendi* proposto por você está bom para mim. Às suas perguntas.

1) Não penso que o volume tenha que incluir questões essencial-mente biográficas. Qualquer coisa nesse sentido eu só defenderia desde que razoavelmente vinculado ao conteúdo filosófico.

2) Os relatos de viagens de Benjamin não me parecem seu ponto forte; sempre tem algo forçado, uma qualidade sensorial imposta de certa forma pela reflexão. Pelo menos eu não daria muito valor a essas coisas, a menos que topássemos com algo especialmente bom. Então, nesse caso, é claro, também não seria puritano.

3) Como de costume, omitiria comentários críticos sobre pessoas vivas, mas marcaria as omissões com reticências. O que não quero acima de tudo é que esta publicação faça críticas a Bloch, que já tem problemas demais. E certamente também não teria sido essa a intenção de Benjamin. Tenho tão pouco medo de possíveis con-tradições nessa publicação quanto em qualquer outro âmbito, e

também estou completamente de acordo com você que em alguns casos devemos selecionar apenas fragmentos de cartas.

Com muito afeto para você e Fanja, também da parte de Gretel. Fielmente seu,

Teddie Adorno.

A seguir, por três ocasiões, Adorno se reporta a Scholem, em 17 de janeiro, em 22 de fevereiro e em 2 de março de 1960, para informar sobre seu planejamento de organização e disponibilidade de tempo a ser dedicado naquele ano ao referido projeto de edição e para comunicar a aprovação de apoio financeiro da editora para providências inerentes à publicação, aproveitando o ensejo para também prestar contas das iniciativas tomadas por ele até o momento, recebendo resposta de Scholem em 21 de abril:

Querido Sr. Scholem:

Nos primeiros dias de março, ou seja, assim que conseguir respirar um pouco eu darei partida no maquinário das cartas de Benjamin. Se você ainda tem nomes para indicar ou algum tipo de proposta a fazer, seria bom me avisar até lá.

Com todo carinho, também da parte de Gretel e também para Fanja, seu velho,

Adorno.

Querido Sr. Scholem:

A editora Suhrkamp me informou que está disposta a arcar com os custos referentes às cópias das cartas de Benjamin, se não excederem o valor usual. Portanto, me parece melhor que você entre em contato diretamente com o editor para chegar a um acordo. Estou convencido de que este assunto poderá ser resolvido sem problemas.

Com o maior carinho, sempre seu,

Adorno.

Querido Sr. Scholem:

Durante esse tempo, com toda a minha energia tomei as providências para o projeto das cartas de Benjamin. Foram enviadas cartas para:

Dora Morser – Ernst Schoen – Martin Domke – Adalbert Rang – Pierre Bonnasse (Missac) – Dr. Willi Haas – Dr. Hirsch de Hofmannsthal (editor S. Fischer) – Dr. Werner Kraft.

Bloch fará uma conferência aqui na editora Suhrkamp na semana que vem; terei a oportunidade de conversar também com ele detalhadamente sobre o nosso plano, embora eu duvide que ele tenha muito a oferecer e mesmo que irá nos dar o que tiver [...].

Tenho esperança de que agora poderemos avançar rapidamente neste assunto e em breve termos reunido o suficiente para fazer uma pré--seleção do material. Seria bom se no outono, assim que nos vermos, pudéssemos finalmente resolver algumas coisas.

Com o maior carinho, também para Fanja, e também da parte de Gretel, sempre seu,

Adorno.

Querido Adorno:

Não sei se até agosto terei prontas as cópias de todas as cartas que, enviadas a mim, poderiam ser incluídas completa ou parcialmente em nossa seleção. Das 300 escolhi umas 120 que, é claro, só elas já comporiam um volume inteiro, uma vez que em parte são bastante grandes. Este material é talvez o único que poderemos dispor sobre os primeiros anos da correspondência.

Saudações afetuosas a ambos. Seu,

Gerhard Scholem.

Entre outras tantas correspondências trocadas por ambos nos anos que se seguem, vale assinalar que a publicação do livro de cartas de Benjamin, finalmente lançada em dois volumes, só vem à luz em novembro de 1966, conforme assinala Adorno em carta datada em 15 de novembro, pondo fim há praticamente oito anos ininterruptos de trabalho:

Querido Scholem:

Foram publicados os dois volumes de cartas, o que me deixa muito feliz.

Com todo carinho e afeto a ambos, também da parte de Gretel, sempre seu,

Adorno.

Apesar dos vários contratempos registrados durante o processo, em pouco tempo o empreendimento irá apresentar resultados positivos tanto literários quanto comercial, conforme registra Adorno em cartas enviadas a Scholem em 16 de dezembro daquele ano e em 10 de janeiro de 1967:

Querido Scholem:

As repercussões do livro de cartas, e me restrinjo a reações imediatas, são extremamente boas; Ainda não vi nenhuma crítica, mas não ficaria surpreso se os volumes também se tornassem um sucesso considerável de vendas.

Sempre seu,

Adorno.

Querido Scholem:

Tenho a impressão de que as cartas de Benjamin estão tendo uma repercussão considerável. Saiu uma resenha de página inteira muito detalhada e boa, embora também um tanto tola, no *Frankfurter Rundschau* local. A única coisa que me impressiona é a atual desproporção entre o prestígio de Benjamin e a compreensão deficiente de sua filosofia. Mas é certo que a autoridade das questões intelectuais e a extensão em que são devidamente compreendidas divergem frequentemente de muitas maneiras.

Com o maior carinho, como sempre, seu,

Adorno.

Prosseguindo em uma troca de correspondência que, dedicada à tarefa de viabilizar o espólio de Benjamin, se estenderá até 14 de maio de 1969, Adorno, nessa carta escrita quase três meses antes de seu falecimento, entre outros assuntos, sugere a Scholem que para questões relativas ao espólio de Benjamin, ele deverá se reportar a Gretel, carta essa que encerra um ciclo epistolar de trinta anos, iniciado em 19 de abril de 1939:

Querido Scholem:

Sobre o arquivo Benjamin certamente você irá se entender com Gretel, que é a guardiã do tesouro dos Nibelungos.

De todo o coração, como sempre, também a Fanja e também da parte de Gretel.

Seu velho,

Teddie Adorno.

CARTAS DE HANNAH ARENDT E THEODOR ADORNO[48]

30 de janeiro de 1967, Arendt escreve a Adorno:

Caro Sr. Adorno,

Estou prestes a editar uma seleção dos escritos de Benjamin para a América. Você deve se lembrar que em 1941, em Nova York, eu lhe dei o manuscrito "Teses sobre a filosofia da história", que Benjamin havia me dado pouco antes de sua morte e que você ou o Instituto me devolveram uma transcrição em fotocópia. Notei agora que sua reimpressão dos "Escritos", bem como a publicação mimeografada do Instituto, de 1942, mostram algumas modificações significativas. Quase todas estas variantes podem ser explicadas como intervenções editoriais necessárias, mas há uma passagem na tese VII que não existe no meu manuscrito. Eu gostaria de saber se você teve acesso a outro manuscrito do texto – possivelmente o 'datilografado' mencionado por Tiedemann – e se você pode

---

[48] Tradução da autora para o português a partir da edição compilada das cartas em inglês, vertidas do alemão por Susan Gillespie (fundadora do *Bard College's Institute for International Liberal Education*) e Samantha Rose Hill (Professora do *Brooklyn Institute for Social Research* e diretora assistente do *Hannah Arendt Center for Polítics and Humanities*).

encontrá-lo. Os manuscritos podem ser encontrados, pois vários deles foram escritos em embrulhos de jornais, cujos carimbos ainda podem ser identificados.

Agradeço antecipadamente, com meus cumprimentos.

Hannah Arendt.

Em 03 de fevereiro de 1967, Adorno responde:

Cara Sra. Arendt,

Muito obrigado por sua carta.

Havia várias cópias das "Teses sobre a filosofia da história" de Benjamin que eu recebi de vários lugares diferentes e, mesmo com o maior esforço de memória, hoje, passados mais de 25 anos, não posso dizer o que serviu de base para a publicação. Se não estou enganado, a primeira publicação foi em um volume mimeografado, "Em memória de Walter Benjamin", que Horkheimer e eu publicamos em uma edição limitada, em 1942. É claro que não fizemos alterações no texto; onde existem divergências, entendemos como variantes entre as diferentes versões. Os textos datilografados que tivemos acesso não estão mais disponíveis. Até onde minha esposa, que tinha a custódia deste material, pode lembrar, são estes os apontamentos:

VII. Tese, p. 497:2. Uma sentença diferente foi datilografada: "Precisamos de história, mas precisamos dela de uma forma diferente daquela que o preguiçoso incorrigível, avesso ao «jardim do conhecimento», precisa dela".

Linha 4/5 Impresso: materialismo histórico, Manuscrito: dialética histórica.

Linha 2 de baixo. Impresso: materialista histórico, Manuscrito: dialético histórico.

P. 498, linha 5. Impresso: materialista, Manuscrito: dialético.

Linha 3 de baixo. Impresso: Materialista, Manuscrito: Dialético.

Posso acrescentar que a edição em dois volumes dos "Escritos" foi feita de forma bastante improvisada e que, como indiquei em minha introdução, ela não atende exigências filológicas acadêmicas. Após várias complicações, que em grande parte aconteceram durante minha estada de um ano em Los Angeles, meu falecido amigo Suhrkamp decidiu repentinamente publicá-la, notificando-me com um prazo muito curto. Diante à dúvida de recusar ou aprovar a edição, ainda que em sua forma mais ou menos improvisada, decidi, após consulta a Scholem, pela segunda alternativa. Para nós foi determinante a ideia de que Benjamin não teria agido de maneira diferente na mesma situação. Limitei-me a trabalhar com um texto único, de tal forma que acredito poder considerá-lo razoavelmente autêntico, isto é, sem erros de impressão, ortografia e datilografia. Como no caso do texto "Destino e Caráter", que Benjamin sempre considerou uma espécie de chave para toda a sua obra. Além disso, até o momento a edição de Tiedemann para o livro do Barroco [A origem do drama barroco alemão, de Benjamin] pode ter feito por ele algo que não foi nem poderia ser feito mesmo em "Escritos" integrais, e o que provavelmente só pode ser esperado de um projeto completo de edição, cuja realização, no entanto, levará muitos anos. Não deixa de ser importante saber disso para que seja possível avaliar todas as questões relacionadas aos "Escritos".

Com os mais amigáveis cumprimentos,

Seu sincero devoto,

TW Adorno.

Como cortesia, Arendt, em 19 de fevereiro de 1967, escreve:

Caro Sr. Adorno,

Obrigada por sua pronta resposta ao meu pedido.

Visto que a maioria dos manuscritos de Benjamin está em sua posse, eu ficaria feliz em lhe enviar uma fotocópia do manuscrito (não uma cópia datilografada) que Benjamin me deu. Diga-me se você estiver interessado.

Claro, você estava absolutamente certo em não esperar por condições ideias para uma possível edição crítica da obra. Lamento, apenas, que não tenha incluído na edição o ensaio original do Baudelaire, que você à época estava indeciso quanto a publicar, uma vez que, de acordo com Tiedemann, a segunda versão é *toto coelo* diferente.

Com os melhores cumprimentos,

Sua Hannah Arendt.

Em 22 de fevereiro de 1967, Adorno prontamente responde:

Prezada Sra. Arendt,

Muito obrigado por sua amável carta.

É claro que eu ficaria extremamente grato se você me fornecesse uma fotocópia do seu manuscrito para o nosso arquivo aqui[49].

Quanto ao ensaio original de Benjamin sobre Baudelaire – isto é, o texto que não publiquei no jornal à época – não se trata de uma primeira versão do texto publicado posteriormente, mas sim uma variante bastante diferente do texto pensado inicialmente, trabalho que pouco acrescenta à versão final. As razões que me fizeram não incluí-lo na edição estritamente

---

[49] Referindo-se ao acervo do Instituto de Pesquisa Social.

limitada dos "Escritos" são muito simples: a saber, que este texto não me pareceu fazer justiça à enorme exigência que procede objetivamente da concepção de Benjamin. Mas estou pensando realmente em publicá-lo agora, especialmente no contexto da polêmica ligada aos dois volumes de cartas.

Com os mais amigáveis cumprimentos,

Sempre seu,

TW Adorno.

Em 17 de março de 1967, Arendt retorna a correspondência nos seguintes termos:

Prezado Sr. Adorno,

Em anexo, envio a fotocópia prometida do manuscrito de Benjamin para o seu arquivo. O papel em que está escrito é muito ruim e as letras em alguns lugares já estão apagadas. Espero, de qualquer forma, que se possa ler. Tivemos muitos problemas por aqui. Também fiz cópias frente e verso para você, para que elas possam ser encontradas no arquivo.

Eu sabia pela carta e também pelo próprio Benjamin que o ensaio original sobre Baudelaire era muito diferente do que o publicado posteriormente, e acho que também entendi as suas objeções, embora nunca tenha lido o manuscrito; de qualquer forma, não me lembro.

Você escreve sobre uma polêmica ligada à edição das cartas em dois volumes, da qual, aqui, naturalmente, nada sei. Acho que te comuniquei que estou prestes a escrever sobre Benjamin pela primeira vez, naturalmente também usando as cartas. Espero sinceramente que eu não esteja entrando em polêmica, não importa de que lado. Aprecio muito sua introdução aos ensaios, mas ainda não tenho a mesma imagem de Benjamin que você. Pode acontecer que nem você nem Scholem fiquem satisfeitos comigo.

Com saudações amigáveis,
Sua,

Hannah Arendt.

P.S.: Como a primeira página saiu muito ruim, fizemos três cópias dela que se complementam, para facilitar o entendimento do leitor; portanto, se você não conseguir ler uma palavra em uma das cópias, poderá ler mais claramente em outra.

Adorno retorna a correspondência, em 02 de maio de 1967, pondo fim à questão:

Cara Sra. Arendt,

Obrigado por sua carta e pela fotocópia do manuscrito de Benjamin para o nosso arquivo. Sinto saber quantos problemas você teve com este assunto.

Claro que estou muito ansioso para saber o que você pretende escrever sobre as cartas. Divergências entre sua visão de Benjamin e a minha só podem ser úteis para a discussão. Para mim, é axiomático e descreve o significado de Benjamin para minha própria existência intelectual: a essência de seu pensamento como intrinsecamente filosófico. Nunca pude ver o seu trabalho de outro ponto de vista, e me parece ser apenas dessa maneira que ele assume todo o seu peso. Até que ponto isso, realmente, se distancia de todas as concepções tradicionais de filosofia, é algo de que estou ciente, e, além disso, Benjamin não tornou fácil manter precisamente essa visão dele. Afinal, acredito, após um maior conhecimento e contato, que se intensificou no final, que as mudanças aparentemente repentinas de Benjamin foram, na verdade, muito menos drásticas. Ele não teria sido a grande figura que foi se fosse de outra forma.

Em Viena, infelizmente senti falta de Günther Stern, que estava com gripe. Mas, por outro lado, em consideração aos velhos tempos, um contato amigável entre ele e eu foi restaurado.

Atenciosamente,

Seu,

Adorno.

PARTE V

APÊNDICE

CRONOLOGIA:
VIDA E OBRA
DE THEODOR ADORNO

1903 – (a 11 de setembro, em Frankfurt am Main) Nasce Theodor Ludwig Wiesengrund Adorno, de família de origem judaica, cosmopolita e entusiasta da vida musical e cultural frankfurtiana. Filho único de Oskar Alexander Wiesengrund, comerciante e exportador de vinhos e Maria Bárbara Calvelli-Adorno della Piana, cantora profissional, de origem católica e descendência corso-germânica. Sua tia por parte de mãe, Agathe – pianista de formação, considerada como uma segunda mãe – contribuiu em muito para a sua educação e formação musical.

1910 – (a 04 de abril) Ingressa na *Deutschherren-Mittelschule*, pequena escola de orientação cívica e religiosa situada na margem esquerda do rio Meno, permanecendo neste estabelecimento de ensino por três anos.

1913 – É transferido para o *Royal Saxon Gymnasium*. Sua estada na Instituição se estende pelo período de quatro anos.

1914 – Muda-se para o nº 19 da *Seeheimer Straße*, Distrito frankfurtiano de *Oberrad*, onde reside por vinte e cinco anos até a família ser expulsa pelos nazifascistas.

1917 – Ingressa no *Kaiser Wilhelm Gymnasium*, onde conclui sua educação básica. Durante parte desse período divide sua formação escolar com o aprendizado musical teórico e prático, desenvolvido inicialmente em família, incluindo a assistência a concertos e récitas de ópera.

1918 – Inicia a composição de duas peças para canto e piano, sobre poemas de Hans Theodor Storm Woldsen.

1919 – Aos dezesseis anos, ainda cursando o *Kaiser-Wilhelm--Gymnasium*, inicia sua educação musical formal ao ingressar no *Hoch'sches Konservatorium* de Frankfurt, desenvolvendo estudos de composição com Bernhard Sekles.

1920 – Inicia estudos particulares de piano com Eduard Jung. Escreve seus dois primeiros ensaios teóricos sobre arte: *Expressionismo e verdade artística: para uma crítica marcadamente nova* e *O casamento do fauno: observações básicas sobre a nova ópera de Bernhard Sekles*. Compõe *Seis canções extraídas de 'O Sétimo anel'*, de Stefan George; *Seis estudos para quarteto de cordas* e o sexto movimento de *Seis peças curtas para orquestra,* op.4, finalizadas somente em 1929.

1921 – É diplomado no *Kaiser-Wilhelm-Gymnasium*. Ingressa na Universidade *Johann Wolfgang Goethe*, de Frankfurt. Inicia leituras da obra filosófica de Kant, em particular a *Crítica da razão pura*, tendo como instrutor Siegfried Kracauer. Reportando-se a esse acontecimento, anos mais tarde Adorno escreve: "Não exagero se eu digo que devo mais a estas leituras que aos meus professores acadêmicos. Excepcionalmente dotado para a prática pedagógica, Kracauer me fez ouvir a voz de Kant. Sob a sua orientação, desde o princípio experimentei a obra não como uma mera teoria do conhecimento, como uma análise das condições de juízos cientificamente válidos, mas como uma espécie de escritura codificada a partir da qual se podia ler o estado histórico do espírito, com a vaga esperança de poder encontrar

CRONOLOGIA: VIDA E OBRA DE THEODOR ADORNO

ali algo da mesma verdade". Por sua vez, Kracauer, referindo-se a Adorno em carta endereçada a Leo Löwenthal, de 04 de dezembro, escreve: "Nele, tudo vem demasiadamente do intelecto e da vontade, e não suficientemente das profundezas da natureza. Tem algo que nem você nem eu temos: uma aparência exterior magnífica e uma maravilhosa evidência de seu ser. Em todo caso, é um belo exemplar de humanidade; mesmo que eu não deixe de ter dúvidas sobre seu futuro, seu presente me encanta". Por intermédio de Kracauer, Adorno entra em contato com a obra de György Lukács e Ernst Bloch, dedicando-se à leitura da *Teoria do romance* e *Espírito da utopia*. Compõe: *Peça para piano* e o primeiro *Quarteto de cordas*, este último dedicado a Bernard Sekles. Inicia composição do *Primeiro trio de cordas*, concluído no ano seguinte.

1922 – Conhece Max Horkheimer em um seminário realizado na Universidade de Frankfurt pelo psicólogo moscovita Adhémar Gelb. Escreve críticas musicais para o *Neue Blätter für Kunst und Literatur*, entre elas: *Música de câmara na sociedade para a cultura teatral e musical; Terceira noite de música de câmera: Pierrot Lunaire de Arnold Schoenberg; Ópera em três atos de Paul Hindemith* e *Bartók – apresentações em Frankfurt*. Publica o artigo *Bernard Sekles*. Compõe o *Segundo trio de cordas*.

1923 – Conhece Walter Benjamin, que virá a ser o mais influente amigo e interlocutor. Através de Benjamin conhece a química e intelectual Margarete Karplus, que virá a ser sua companheira de toda a vida. Estreia o seu primeiro *Quarteto de cordas*, interpretado pelo Quarteto Lange. Escreve crítica musical para o *Zeitschrift für Muzic* de Frankfurt, tendo como assunto "a nova música". Compõe um dos movimentos de *Três poemas de Theodor Däubler*, op. 8, a quatro vozes para coro feminino a capela. Dá início às *Seis bagatelas para canto e piano*, op. 6.

1924 – Obtém o título de filósofo pela Universidade *Johann Wolfgang Goethe* de Frankfurt, com tese sobre Edmund Husserl,

169

intitulada *A transcendência do coisal e do noemático na fenomenologia de Husserl*, sob a orientação de Hans Cornelius. Conhece Alban Berg por intermédio de Hermann Scherchen. O contato com Berg foi decisivo para a sua trajetória musical. Também tem consequência filosófica imediata, objetivada na forma de um primeiro artigo, intitulado *Alban Berg: sobre a estreia de Wozzeck* (*Alban Berg: Zur Uraufführung des Wozzeck*). Neste artigo Adorno apresenta a ópera de Berg como autêntica herdeira da música de Schoenberg, referindo-se ao "reconhecimento da condicionalidade histórica da norma estética e da dissolução que hoje em dia se consumou nela", mencionando ainda que "também aqui é o lugar a partir do qual a imagem espiritual de Berg em suas duas orientações, sua conexão com a situação global e sua personalidade, pode ser abarcada e medida de forma transitória em seu contorno e amplitude". Ainda, argumenta que a trama do Wozzeck, escrita pelo dramaturgo alemão Georg Büchner, "se ergue sobre os escombros do drama barroco alemão idealista e decadente". E conclui afirmando: "a frase de Wozzeck «o homem é um abismo» se ajusta ao drama enquanto fórmula que evoca o conteúdo propriamente dito. A música de Berg submerge no abismo". Escreve críticas musicais para o *Zeitschrift für Muzic*. Publica um trabalho sobre *Música orquestral da Itália* e outro sobre Richard Strauss. Escreve o ensaio crítico intitulado *Música utilitária*, publicado em *Programas frankfurtianos*.

1925 – Em março, traslada-se para Viena a fim de estudar composição com Alban Berg e piano com Eduard Steuermann. Em pouco tempo, apresenta bom rendimento em seu processo de aprendizagem composicional, fato esse confirmado pela correspondência do próprio Berg endereçada a Bernhard Sekles, antigo professor de Adorno: "Nos últimos meses como meu aluno, ele compôs algumas canções esplêndidas e um conjunto de variações para quarteto de cordas que realmente me deixaram bastante satisfeito. Agora ele está trabalhando em um grande trio de cordas, o qual, igualmente, promete ser bom – de fato, eu poderia dizer mesmo importante. Tudo isso me leva a crer que estamos lidando com um verdadeiro grande talento, que ainda

CRONOLOGIA: VIDA E OBRA DE THEODOR ADORNO

– tanto quanto eu pude avaliar nesse curto tempo – apresenta muitas possibilidades de desenvolvimento, e que, acredito, podemos esperar grandes coisas dele". Por intermédio de Berg conhece Schoenberg, Ernst Krenek, Hanns Eisler, Rudolph Kolisch, Anton Webern e Alma Mahler. É apresentado a György Lukács pelo escritor e jornalista Soma Morgenstern. À época, o filósofo húngaro se encontrava na condição de emigrante, vivendo nos arredores da capital austríaca. Em carta enviada a Kracauer em 17 de junho de 1925, Adorno descreve suas impressões sobre aquele que foi para ele, em sua juventude, um exemplo a se seguir: "minha primeira impressão foi grande e profunda: um judeu do Leste, baixo, amável, de um louro que não combinava com o nariz talmúdico, olhos maravilhosos, insondáveis; tinha uma aparência muito erudita num terno esporte de linho, mas trazia consigo uma atmosfera perfeitamente sem convenções, clara como cristal e suave; por meio da qual emerge somente a seriedade intelectual que emana da pessoa. Ele encarna o ideal de modéstia discreta e também o do intangível. Senti imediatamente que ele estava além mesmo de uma relação humana possível e comportei-me, e me contive, portanto, durante a conversa, que durou mais de três horas". No entanto, a referida correspondência revela também que a impressão inicial do jovem Adorno sobre o veterano pensador húngaro logo cede lugar a um desapontamento motivado pelo conteúdo da conversação que se segue. Em suas palavras, "Lukács começou renegando, do princípio ao fim, sua *Teoria do romance*, dizendo que ela era «idealista e mitológica»", terminando por afirmar que "em seu conflito com a Terceira Internacional, seus adversários tinham razão, e que era apenas de um ponto de vista concreto e dialético que sua defesa, a qualquer preço, da dialética, era necessária". Ainda na carta, Adorno, por fim, confidencia a Kracauer: "é nesse erro que se dissimulam sua grandeza como homem e o trágico de sua reviravolta". Passados exatos quarenta anos, Adorno relembrou aquele encontro em aula ministrada na Universidade de Frankfurt no dia 11 de novembro de 1965, mencionando-o como "um momento de coerção da consciência, que experimentei da forma mais intensa na discussão com um marxista hegeliano; especificamente: na nossa juventude, com György Lukács, que à época vivia um conflito com o seu partido e que, neste contexto, me disse que o partido estava mesmo à sua frente, embora ele estivesse à frente do partido em suas concepções e argumentos; era assim porque o partido encarnava precisamente o estado histórico objetivo, enquanto sua posição mais avançada – para ele e segundo a mera lógica do pensamento – havia se tornado atrasada diante dessa posição objetiva". Compõe *Dois poemas de Stefan George* e inicia *Quatro poemas de Stefan George*, op. 1, concluído em 1928. Escreve críticas musicais para o periódico *Die Muzik*. Publica o artigo *Coleção de canções folclóricas*. Publica na revista *Pult und Taktstock* seu ensaio *Sobre o problema da reprodução*. Publica sua crítica *Festival Stravinsky* em *Musikblätter des Anbruch*. Escreve *Hanns Eisler: duo para violino e violoncelo,* op. 7, nº 1 e *Alban Berg: para a estreia de Wozzeck*. Deixa Viena em agosto, retornando a Frankfurt. Dedica-se à elaboração de sua tese de habilitação para ingresso na Universidade de Frankfurt.

1927 – Ano de problemas particulares e incertezas profissionais. Tem a sua tese de habilitação *O conceito de inconsciente na psicologia transcendental* recusada.

1928 – Depois da rejeição de sua tese, passa longas temporadas em Berlim em convívio com sua noiva Gretel Karplus e um grupo de inte- lectuais e artistas que inclui além dos amigos Benjamin e Kracauer, também Ernst Bloch, László Moholy-Nagy, Bertold Brecht, Otto Klemperer, Hanns Eisler, a atriz e cantora Lotte Lenya e seu esposo, o compositor Kurt Weill, ambos colaboradores de Brecht na criação de alguns de seus espetáculos, entre eles a *Ópera dos três vinténs*. Reunidos em torno de objetivos comuns, o grupo determina para si a tarefa de aprofundar questões ligadas à arte, filosofia, economia e política sob a ótica da teoria social, tendo como método o materialismo dialético.

1929 – Inicia a elaboração de sua segunda *Habilitationsschrifts*, uma crítica à filosofia de Kierkgaard, sob a orientação de Paul Tillich, aprovada em 1931. Paralelamente, passa a ocupar o posto de redator da Revista *Anbruch*, dedicando-se à música moderna radical. Elabora outro artigo sobre a ópera Wozzeck, desta vez um ensaio analítico onde defende a convergência entre lógica musical e crítica marxista, considerado um de seus primeiros escritos musicais voltados para uma estética materialista. Diferentemente do primeiro artigo, que se atém mais à análise dos aspectos técnicos e construtivos da dramaturgia e da música da ópera à luz da influência de Schoenberg, nesse trabalho, intitulado *A ópera Wozzeck* (*Die Oper Wozzeck*), Adorno refere-se ao aspecto dialético que fundamenta a composição da obra musical, enfatizando a própria opção do compositor pelo texto inacabado de Büchner, uma peça teatral de 1837, escrita, portanto, em um tempo que dista 85 anos antes da composição da ópera. Sobre a gênese desse ensaio, o editor da revista *Der Scheinwerfer* solicita a Berg a indicação de um possível nome para a formulação de um artigo sobre a sua ópera, tendo o compositor sugerido o nome de Adorno, que aceita o convite, reafirmando no momento a sua melhor condição teórica musical para a realização da demanda. Nesse artigo, publicado em *Der Scheinwerfer: Blätter der Städtischen Bühnen* (1929-1930), Adorno escreve que na ópera Wozzeck, dialeticamente, "a música não sofre pelo homem, não participa do que acontece com ele e com sua emoção; sofre acima dele". E é como música que, segundo o filósofo, a ópera *Wozzeck* se diferencia de todas as obras neoclássicas congêneres, de Stravinsky a Hindemith, em suas tentativas de libertar a música do texto poético, diferentemente de Berg que, para Adorno, em *Wozzeck* opera dialeticamente entre ambas as esferas de forma inteiramente mediada.

1931 – Ingressa como professor assistente de filosofia na Universidade de Frankfurt, apresentando a palestra inaugural *A atualidade da filosofia*. Como assistente de Paul Tillich, dedica-se à realização de um seminário sobre *A origem do drama barroco alemão*, de Benjamin. Participa como colaborador do Instituto de Pesquisa Social daquela Instituição. Horkheimer assume a direção do Instituto.

1933 – Publica o livro *Kierkeggard, a construção do estético*, tese de habilitação à cátedra, escrito durante os anos de 1929-1930. Por intermédio de Benjamin é convidado pelo editor Willy Hass a colaborar na revista *Literariche Welt*, do editorial *Rowohlt*, de Praga, onde Benjamin publicou diferentes artigos e ensaios por alguns anos. Em carta datada de 8 de setembro, expedida pelo Ministério da Ciência, Arte e Educação, Adorno é informado que, pelo parágrafo 3 da lei do serviço público, ele estaria privado de continuar como membro do corpo docente da Universidade de Frankfurt. Sobre o assunto, em carta a Benjamin de 13 de setembro, Gretel escreve: "Teddie recebeu uma recusa agora definitiva por parte da Universidade, também em outros lugares as perspectivas para ele não parecem muito animadoras".

1934 – Deixa a Alemanha devido à perseguição nazifascista, exilando-se na Inglaterra onde trabalha por um período de quatro anos no Merton College, da Universidade de Oxford, tendo como objetivo adquirir o título acadêmico com seu trabalho sobre Husserl. Publica os ensaios, *A forma do disco*, na revista vienense de música, sob o pseudônimo Hektor Hottweiler e *O compositor dialético*, este último reeditado no ano de 1968, em *Impromptus – Segunda série de ensaios musicais novamente impressos*.

1935 – Ano de perdas irreparáveis. Em 26 de junho, em Frankfurt, morre a pianista Agathe Calvelli-Adorno, aos 68 anos. Em carta endereçada a Kracauer, Adorno dá uma ideia da profunda conexão entre ele e sua tia, considerada sua segunda mãe: "Não sei como poderei seguir vivendo sem ela nesta vida". Também, a 24 de dezembro, em Viena, morre de forma repentina seu ex-professor, Alban Berg. Em homenagem ao mestre e amigo-compositor, escreve o artigo *Em memória dos vivos (Erinnerung an den Lebenden)*, publicado em fevereiro de 1936.

1937 – Casa-se com Margarete (Gretel) Karplus, em 08 de setembro, na presença de pouquíssimas pessoas. Horkheimer teria sido uma das testemunhas. Adorno e Gretel passam alguns dias com Benjamin em San Remo, na pousada Villa Verde, de Dora Sophie – este será o último encontro de Gretel com o amigo.

1938 – Migra para os Estados Unidos a fim de integrar, a convite de Horkheimer, o então Instituto de Pesquisa Social, instalado em 1934 em Nova York. Divide seu tempo com estudos desenvolvidos para o *Princeton Radio Research Project*, na Universidade de Columbia, com financiamento da Fundação Rockfeller. Conhece Gershom Scholem, com quem, após a morte de Benjamin, irá trocar intensa correspondência sobre o espólio literário-filosófico do amigo. Em carta datada de 1° de abril, Gretel relata a Benjamin o primeiro encontro deles com Scholem: "No sábado, na casa dos Tillich, conhecemos Scholem. Apesar do jeito meio atrevido de falar, *judeuberlinense*, ele foi muito simpático; acima de tudo, gostei de sua intensidade e paixão. Espero que o vejamos mais vezes quando ele retornar de Cincinnati". Por sua vez, em carta a Benjamin datada de 6 de maio, Scholem escreve: "Já estive três vezes com Wiesengrund [...] com quem pude atar relações bastante humanas. Gostei muito dele e tivemos muito a dizer um ao outro. Pretendo manter um vivo contato com ele e sua esposa. É muito agradável e auspicioso conversar com ele e vejo possibilidades de nos entendermos. Não deve lhe causar admiração que tenhamos pensado muito em você. Em resumo, este casal desapontou, da maneira mais agradável, as expectativas que eu tinha a respeito dele". Como resposta, Benjamin, satisfeito, escreve a Scholem em 12 de junho: "Notei com prazer que, tão logo viro as costas, algumas coisas vão bem. Quantas queixas recebi *de part et d'autre*, no passado, sobre você e Wiesengrund! E agora se verifica que era um alarme falso. Ninguém está mais contente com isso do que eu". A casa dos pais de Adorno em Frankfurt-Oberrad é apedrejada. Maria Calvelli-Adorno e seu marido Oscar Wiesengrund são presos. Sua mãe é enviada para a prisão feminina de Klappergasse, onde, gravemente doente, fica detida por alguns dias. Mediante a intervenção do advogado Dr. Hans Wilhelm (1899-1970), ambos são libertados.

1939-1940 – Participa do ciclo de conferências intitulado *Aesthetic Aspects of Radio*, no Brooklyn Institute of Arts and Sciences, coordenado pelo historiador da arte Meyer Schapiro. Realiza a conferência *Husserl e o problema do idealismo*, na Universidade de Columbia. Seus pais vendem a casa, abandonam a Alemanha na primavera de 1939 e migram para os Estados Unidos, via Cuba. Em maio de 1939, de Nova York, Adorno escreve a seus pais: "Lhes desejo de todo o coração que a partir de agora vivam realmente uma época de paz e que tornem a experiência da emigração, uma vez que se tornou inevitável, uma espécie de Amorbach prolongado". Em junho de 1939 se reencontra com os pais em Havana. Em meados de 1940 seus pais transladam-se definitivamente para os EUA, instalando-se primeiramente na Flórida e em seguida em Nova York, onde viveram até o fim de seus dias. Em setembro de 1940, morre seu amigo e interlocutor Walter Benjamin, então detido na fronteira franco-espanhola. Sobre essa perda irreparável, Adorno confessa: "Quando, no outono de 1940, recebi a notícia de sua morte em Nova York, tive, literalmente, a real sensação de que com aquela morte, que interrompeu a continuidade de uma grande obra, havia sido tirado da filosofia o que de melhor ela poderia almejar. Desse momento em diante, considerei essencial fazer todo o possível, na medida de minhas poucas forças, para dar consequência ao que restou de sua obra – e isso é muito pouco frente às suas possibilidades –, até que se possa ter a dimensão de todo o seu potencial".

1941 – Transfere-se, junto com o Instituto de Pesquisa, para Los Angeles, na Califórnia. Mantém contato com outros refugiados alemães, entre eles, Bertold Brecht, Arnold Schoenberg e Tomas Mann (a quem assessora na redação do romance *Doutor Fausto*). Conhece Charles Chaplin, Fritz Lang, Greta Garbo, entre outros nomes da cena do cinema. Escreve o livro sobre música e cinema, *Composição para o filme*, em colaboração com o discípulo de Schoenberg, Hanss Eisler, seu amigo desde a época de sua formação musical em Viena. Eisler também foi compositor-colaborador em diferentes peças de Brecht, tornando-se amigo do dramaturgo durante seu exílio nos EUA.

CRONOLOGIA: VIDA E OBRA DE THEODOR ADORNO

1942 – Gretel edita uma seleção de textos de Benjamin, publicada por Adorno e Horkheimer em um volume especial da Revista do Instituto, com o título *Em memória de Walter Benjamin*. Nesta publicação não constam suas resenhas de livros – extremamente numerosas –, tampouco seus trabalhos para o rádio e os ensaios sobre o movimento juvenil. Em nota à edição, Adorno e Horkheimer escrevem: "Dedicamos estes artigos à memória de Walter Benjamin. As teses histórico-filosóficas, que introduzem o volume, foram os últimos escritos de Benjamin". Horkheimer recomenda a Löwenthal a inclusão de uma homenagem de Brecht naquela edição especial da Revista: "Você sabe que Brecht foi amigo íntimo de Benjamin". Nos EUA, Brecht torna-se frequentador da casa de Adorno. Em 24 de abril, o dramaturgo escreve: "Ouço discos de Eisler com os poemas da chuva na casa de Adorno. São muito bonitos, lembram desenhos com tinta-da-china". Em outra reunião na casa de Adorno, dessa vez em 13 de agosto, Brecht testemunha a discussão sobre o livro de Huxley, *Admirável mundo novo*, envolvendo Horkheimer, Pollock, Marcuse, Eisler, Reichenbach e Steuermann.

1943 – Inicia o processo de naturalização nos Estados Unidos. Talvez, por receio de ser discriminado naquele país devido ao fato de ser cidadão alemão, Adorno, em carta aos pais datada de 20 de dezembro, comunica: "Meu nome *oficial* a partir de agora é simplesmente Theodor Adorno, sem o W. (lamentavelmente) e também sem o Ludwig".

1946 – Ministra palestra na Sociedade de Psicanálise de São Francisco, intitulada, *La psycanalyse reveé*, oportunidade em que critica os "revisionistas neo-freudianos". Morre seu pai, aos 75 anos.

1947 – Publica *Dialética do Esclarecimento*, em conjunto com Horkheimer. Uma primeira edição da obra, intitulada *Philosophische Fragmente*, foi publicada em tomo mimeografado em 1944. O livro *Composição para o filme*, escrito em colaboração com Eisler é finalmente

177

publicado, embora somente com o nome de Eisler, fato esse que será corrigido pelo próprio compositor, por ocasião da segunda edição publicada anos depois.

1949 – Retorna à Alemanha no mês de outubro. Reassume a função de catedrático na Universidade de Frankfurt. Publica *Filosofia da Nova Música*.

1950-1951 – Publica *Minima Moralia – reflexões a partir da vida danificada*, dedicado a Horkheimer e *Estudos sobre a personalidade autoritária*, em colaboração com Daniel J. Levinson, R. Nevitt Sanford e Else Frenkel-Brunswik. Inicia sua participação como professor, diretor, organizador de seminários e palestras nos Cursos Internacionais de Verão para a Nova Música, em Kranichstein e Darmstadt (1950-1966). Ministra aulas para compositores herdeiros do dodecafonismo como Boulez e Stockhausen. A origem de sua participação nos cursos de Darmstadt remonta a outubro de 1949, quando, durante viagem de volta à Alemanha, faz uma escala em Paris, onde visita o amigo e compositor René Leibowitz que o indica para atuar naquele evento. Daí em diante, participa de nove edições do curso, chegando, inclusive, a substituir Schoenberg na organização dos seminários de composição, em 1951.

1952 – Retorna aos Estados Unidos para uma estada de dez meses em Los Angeles. Realiza pesquisas para o *Hacker Foundation*, ocasião a qual irá desenvolver um trabalho de análise crítica sobre astrologia baseado na coluna diária publicada pelo *Los Angeles Times*, além de outro referente ao impacto da televisão no sistema da indústria cultural. Publica *Ensaios sobre Wagner*. Morre sua mãe, aos 86 anos.

1953 – Retorna à Alemanha e reassume suas funções na Universidade e no Instituto de Pesquisa Social de Frankfurt.

1954 – Ministra o curso *Nova música e performance* (*Neue Musik und Interpretation*) em conjunto com o violinista Rudolf Kolisch e o pianista e compositor Eduard Steuermann.

CRONOLOGIA: VIDA E OBRA DE THEODOR ADORNO

1955 – Publica *Prismas. Crítica da cultura e sociedade*. Realiza ciclo de três palestras sob o título *O jovem Schoenberg* (*Der junge Schönberg*). Morre o amigo Thomas Mann. Em carta datada de 13 de agosto, enviada de Sils-Maria a Katia Mann, Adorno, consternado, presta-lhe condolências.

1956 – Publica *Para a metacrítica da teoria do conhecimento* e *Dissonâncias, música no mundo administrado*. Realiza ciclo de quatro palestras sob o título *Contraponto em Schoenberg*. Estreia sua peça *Seis bagatelas para canto e piano*, op. 6, interpretada pela soprano Ilona Steingruber, acompanhada ao piano por Aloys Kontarsky.

1957 – Publica *Aspectos da filosofia de Hegel*. Realiza ciclo de quatro palestras sob o título *Critério da Nova Música* (*Kriterien der neuen Musik*).

1958 – Publica *Notas sobre literatura I*. Ministra o curso *Introdução à Dialética*, analisando seu desenvolvimento histórico de Platão à Hegel. É convidado para realizar palestra na Universidade de Sorbonne. Assume a Direção do Instituto de Pesquisa Social, em substituição a Horkheimer.

1959 – Publica *Figuras sonoras: Escritos musicais I*.

1960-1961 – Publica *Mahler, uma fisionomia musical* e *Notas sobre literatura II*. Realiza ciclo de duas palestras sob o título *Vers une musique informelle*. Ministra o curso *Ontologia e dialética*, uma crítica à ontologia e ao positivismo. É convidado para realizar palestra no Collège de France. Entre os ouvintes encontram-se Paul Celan, Merleau-Ponty, Roger Caillois e George Friedman.

1962 – Publica *Introdução à sociologia da música – doze preleções teóricas* e *Sociologia II*, esse último em colaboração com Horkheimer.

THEODOR ADORNO & WALTER BENJAMIN: EM TORNO DE UMA AMIZADE ELETIVA

1963 – Publica *Três estudos sobre Hegel; Intervenções – Nove modelos críticos*; *O fiel correpetidor* e *Quasi una fantasia: Escritos musicais II*.

1964 – Publica *Moments Musicaux: Escritos novamente impressos* e *Jargão da autenticidade: Sobre a ideologia alemã*.

1965 – Publica *Notas sobre literatura III*.

1966 – Publica *Dialética negativa*. Realiza ciclo de três palestras sob o título *Função do timbre na música (Funktion der Farbe in der Musik)*, sendo esta a sua última participação nos Seminários de Darmstadt.

1967 – Publica *Sem diretriz – Parva Aesthetica*.

1968 – Publica *Berg: O mestre da transição mínima* e *Impromptus: Segunda série de ensaios musicais novamente impressos*. Publica a partitura de sua composição *Seis peças orquestrais curtas*, op. 4.

1969 – Como um reflexo dos protestos estudantis disseminados à época por toda a Europa, a radicalidade do movimento na Universidade de Frankfurt tem como uma de suas consequências a invasão do prédio do Instituto, reivindicando do então professor Adorno a adesão política àquelas ações. Enfatizando não ser contra o movimento *per se*, Adorno, no entanto, discorda do caráter propagandístico dos protestos, opondo-se à violência empregada nas manifestações mediante a crítica de seu uso como método. Como resultado, o professor é assediado pelos alunos em um de seus cursos, quando, em sala de aula, um grupo de alunas se insurge pondo os seios à mostra. Sob a acusação de reacionarismo, Adorno condena a falta de maturidade dos alunos, o antiintelectualismo e os traços de autoritarismo que o movimento aparentava conter. Embora, desde a sua *Dialética do esclarecimento*, já tivesse advertido sobre certa tendência de a racionalidade ocidental se tornar totalitária, em carta a Beckett, ele confessa: "ainda há algo de surpreendente sobre a sensação de ser atacado como reacionário".

CRONOLOGIA: VIDA E OBRA DE THEODOR ADORNO

Em entrevista à Revista *Der Spiegel*, Adorno reafirma a dimensão do pensar dialético enquanto possibilidade de resgatar a capacidade da reflexão teórica, para além do sentido imediatamente prático. Ironia – pode-se dizer – porque as razões que levaram à manifestação dos estudantes, para além de suas intenções progressistas, parecem ter sido pautadas por decisões tomadas a partir de uma práxis sem reflexão, justificadas por um ativismo baseado no próprio espírito de radicalização da época. "Ativismo que quer transformar o mundo sem interpretá-lo", assinalou o filósofo em termos críticos. Da mesma forma, na França, em meio à onda de violência e reivindicações estudantis difusas, Sartre declara, com perplexidade, nunca ter podido "entender o que realmente os jovens queriam". Certo é que depois do episódio dos seios à mostra, denominado *Busenattentat*, Adorno, profundamente comovido, suspende as atividades daquele semestre e se retira para alguns dias de descanso na Suíça. Há relatos que afirmam que após o incidente, ele é acometido por forte depressão. Outros insinuam que o episódio teria sido o fator que desencadeou um infarto. Em 6 de agosto, Adorno morre de um súbito ataque cardíaco, na pequena cidade de Visp. Naquele mesmo dia a notícia de Gretel foi recebida em Frankfurt. O obituário assinado por ela, publicado no *Frankfurter Rundschau*, informa em poucas palavras: "Theodor W. Adorno, nascido em 11 de setembro de 1903, morreu tranquilamente durante o sono em 6 de agosto de 1969". No dia 8 de agosto, Horkheimer dá o seguinte depoimento ao *Frankfurter Allgemeine Zeitung*: "Se as energias criativas de Adorno foram ou não além dos ramos do conhecimento em que ele era especialista – estética, sobretudo musicologia, sociologia, psicologia e história intelectual –, continua sendo verdade o fato de que ele dominava todos esses assuntos em um nível quase inigualável. Se o termo gênio pode ser aplicado apropriadamente a algum ser humano, intelectualmente produtivo hoje, então Theodor W. Adorno deve ser essa pessoa". Por sua vez, Marcuse, em entrevista concedida à Michaela Seiffe para a rádio de Frankfurt, dá o seguinte depoimento em homenagem ao amigo: "Não consigo imaginar como poderei continuar sem contar com Theodor

W. Adorno. Minha dívida com ele não tem fim. Há inúmeras coisas pelas quais lhe sou grato e não consigo imaginar como continuar sem suas obras. Mas, precisamente, isso significa que o tempo de acerto de contas com suas obras está por vir, deve vir, e que tal acerto ainda não começou". Adorno é sepultado em uma quarta-feira, no dia 13 de agosto, às 11h, no túmulo K-119 do cemitério principal (*Der Hauptfriedhof*) de sua cidade natal, junto à sua tia Agathe. Entre várias homenagens ao filósofo, seu nome é dado à praça (*Theodor-W-Adorno-Platz*), localizada no Campus Westend da Goethe Universität, de Frankfurt, na qual conta com monumento criado pelo artista russo Vadim Zakharov que, representando o local de trabalho do filósofo, evoca o conjunto de sua obra.

1970 – Gretel organiza e publica postumamente a inacabada obra de Adorno, *Teoria estética*, com edição do ex-aluno e assistente do marido, Rolf Tiedemann e colaboração de Susan Buck-Morrs e Klauss Schultz. Com Herman Schweppenhäuser – também discípulo de Adorno –, Tiedemann assume a edição das obras completas de Adorno e Benjamin.

1993 – (a 16 de julho, em Frankfurt) morre a companheira de vida e trabalho, Margarete (Karplus) Adorno, figura reconhecida-mente importante para a produção teórica de Theodor Adorno e também responsável por parte das questões administrativas ligadas ao Instituto. Pode-se dizer que a *Dialética do esclarecimento* foi escrita a seis mãos, tendo em vista a sua contribuição efetiva tanto no conteúdo quanto na revisão final do texto. Muito embora a obra não tenha sido assinada por ela, o reconhecimento desta contribuição é feito por Horkheimer e Adorno, em *Notas sobre a nova edição alemã*, em abril de 1969, nos seguintes termos: "No desenvolvimento da nossa teoria e nas experiências comuns que se seguiram tivemos a ajuda, no mais belo sentido, de Gretel Adorno, como já ocorrera por ocasião da pri-meira redação". Gretel foi igualmente responsável pela edição integral do espólio de Adorno e de parte do espólio de Benjamin. Depois da

CRONOLOGIA: VIDA E OBRA DE THEODOR ADORNO

morte do marido, ela permanece em contato com Stefan (beneficiário do legado filosófico-literário de Benjamin) e, também, mantem troca de correspondência com Scholem (até pelo menos meados de outubro de 1970). Unidos por um único propósito, seguem trabalhando em prol das melhores condições editoriais dos escritos de Benjamin. Após publicar a obra póstuma de Adorno, *Teoria estética*, bem como o conjunto de suas *Obras completas*, Gretel tenta suicídio com um combinado de medicamentos, em vão. Esse infortúnio a deixa com sequelas e em condições frágeis de saúde, necessitando de cuidados especiais até sua morte. Gretel é enterrada ao lado do marido, no cemitério de Frankfurt. Sua lápide se encontra na área K, em frente ao muro do antigo cemitério judaico. É publicado o estudo inacabado *Beethoven: filosofia da música*.

2002 – É publicado o curso sobre *Crítica da razão pura*, de Kant.

2006 – É publicada *Current of music*, parte do *exposé* sobre a pesquisa para o projeto *Princeton* que trata da situação da música radiofônica nos Estados Unidos.

CRONOLOGIA:
VIDA E OBRA
DE WALTER BENJAMIN

1892 – (a 15 de julho, na cidade de Berlim) Nasce Walter Benedix Schönflies Benjamin, primeiro filho de uma abastada família judaica. Filho de Paula Schönflies Benjamin (oriunda de uma rica família de comerciantes) e de Emil Benjamin (antiquário e negociante de arte em Berlim) – herda do pai o gosto por colecionar. Walter teve dois irmãos: Georg (nascido em 1895, médico pediatra, torna-se membro da resistência contra o nacional-socialismo e líder do KPD) e Dora (nascida em 1901, doutora em economia política, destaca-se por seus ensaios de crítica social, atuando, ao mesmo tempo, na área de bem-estar social em Berlim). Ambos pagaram com suas vidas por se oporem ao regime nazista. Ao contrário dos irmãos mais jovens, Georg e Dora, que se politizaram desde cedo, Walter levaria mais tempo para manifestar posicionamento político.

1902 – Frequenta o *Gymnasium* Kaiser Friedrich, em Charlottenburg, à época uma cidade independente localizada a oeste de Berlim, transformada em distrito em 1920 – quando foi incorporada à *Groß- -Berlin* (Grande Berlim).

1905 – Com saúde frágil, seus pais o transferem para o internato rural Haubinda de Lietz (antigo Hermann-Lietz-Schule Haubinda), na região de Thueringen. Conhece o pedagogo Gustav Wyneken, cujo pensamento o irá influenciar por mais de uma década. Torna-se entusiasta do *Die deutsche Jugendbewegung*, movimento idealista e apolítico que teve início em 1896 e se opunha à vida urbana moldada pela industrialização, com tendência apologética à natureza, disseminando-se, sobretudo, nos círculos da juventude burguesa.

1907 – Retorna a Berlim e retoma os estudos no *Gymnasium* Kaiser Friedrich.

1910 – Produz diferentes artigos para *Der Anfang*, principal publicação do Movimento Juvenil Alemão, sob o pseudônimo de "Ardor".

1912 – Aos 20 anos de idade, após o curso de bacharelado, inicia seus estudos de filosofia, filologia alemã e história da arte, na Universidade Albert Ludwig, em Freiburg im Breisgau.

1912-1913 – Retorna a Berlim e matricula-se na Universidade Humboldt para continuar seus estudos de filosofia.

1913 – Retorna a Freiburg, onde completa parte de seus estudos, dando especial atenção às palestras de Heinrich Rickert. Torna-se membro efetivo do movimento estudantil. Eleito presidente da associação de estudantes, Freie Studentenschaft, dedica seu tempo a escrever ensaios defendendo a necessidade de mudança educacional e cultural geral. Conhece e torna-se amigo dos irmãos Christoph Friedrich (Fritz) e Wolf Heinle. Encontra-se pela primeira vez com Gershom Gerhard Scholem, em uma reunião do grupo de juventude sionista, sob o nome Jovem Judá (*Jung-Juda*), ao qual Scholem pertencia. Benjamin era o representante principal do grupo do Movimento da Juventude (*Jugendbewegung*), sob influência de Gustav Wyneken. No outono daquele ano os grupos se reuniram no Fórum de Debates da Juventude (*Sprechsaal der Jugend*), num salão em cima do Café Tiergarten, em Berlim. Naquela ocasião, Scholem trava o primeiro contato com Benjamin.

CRONOLOGIA: VIDA E OBRA DE WALTER BENJAMIN

1913-1914 – Volta a estudar em Berlim. Frequenta cursos de Georg Simmel, Ernst Cassirer, Kurt Breysig, entre outros.

1914 – Rompe com Wyneken, devido ao entusiasmo de seu antigo mentor com a indústria bélica. Torna-se Presidente da União Livre de Estudantes (*Freien Studentenschaften*). Escreve *Dois poemas de Friedrich Hördelin* e o dedica ao amigo Fritz Heinle, que se suicida quando da eclosão da Primeira Guerra. Vinte dias depois, o irmão Wolf também dá fim à própria vida, episódio que deixa marcas profundas em Benjamin. Conhece sua futura esposa, a jornalista, escritora e tradutora austríaca, Dora Sophie (Kellner). Dá início à tradução de obras de Baudelaire.

1915 – Muda-se para Munique. Conhece Rainer Maria Rilke. Em julho, após uma visita de Gershom Scholem à casa de seus pais, forma um vínculo de duradoura amizade com o jovem sionista, por quem desenvolve profunda afeição. Ao longo dos anos, os amigos, em abundante troca de correspondência, mantêm discussões sobre questões políticas, religiosas, sociais e culturais, bem como sobre epistemologia e teorias da linguagem, entre outras, discutindo e analisando suas respectivas obras.

1916 – Continua os estudos na Universidade de Munique. Escreve seu ensaio *Sobre a linguagem em geral e sobre a linguagem humana*.

1917 – (a 17 de abril) Casa-se com Dora Sophie. Formada em química e filosofia, Dora trabalhou como editora de publicação, tradutora e correspondente estrangeira, além de colaborar com diferentes publicações, entre jornais e revistas de prestígio em sua época, abordando os mais diferentes temas: emancipação feminina, literatura de vanguarda, música, cinema mudo, crítica da mídia, bem como questões sociopolíticas da República de Weimar. O casal migra para Suíça durante a última fase da Primeira Guerra Mundial a fim de evitar a convocação para alistamento militar de Benjamin no exército alemão. Estabelece-se e continua os estudos em Berna.

1918 – Nasce seu filho Stefan Rafael. Em Berna, torna-se amigo e interlocutor do filósofo marxista Ernst Bloch, que também havia deixado uma Alemanha assolada, segundo ele, pelo "espírito prussiano" o qual denunciava.

1919 – Defende sua tese de doutorado: *O conceito de crítica de arte no romantismo alemão* (*Der Begriff der Kunstkritik in der deutschen Romantik*), sob a orientação de Richard Herbertz, sendo aprovado com nota máxima *summa cum laude*.

1920 – Retorna a Berlim. Por questões financeiras volta a viver com a família, na casa de seus pais. Sua tese *O conceito de crítica de arte no romantismo alemão* é publicada por A. Francke Publishing House, Berna.

1921 – Passa uma temporada na casa de Leo Löwenthal. Frequenta o curso de Karl Jaspers, em Heidelberg. Escreve *Para uma crítica da violência* e *Capitalismo como religião*, entre outros textos. Em Munique, adquire a aquarela *Angelus Novus*, pintada por Paul Klee em 1920, certamente o bem mais valioso de Benjamin. A pintura o acompanha por cerca de vinte anos e inspira o poema intitulado *Saudações do Angelus em 15 de Junho*, um presente de aniversário ofertado a ele por Scholem.

1921-1922 – Escreve seu ensaio *Sobre as afinidades eletivas de Goethe*. Estreita a amizade com Florens Christian Rang. Faz traduções de poemas de Baudelaire. Devido a esse trabalho o editor Richard Weisbach, de Heidelberg, que tinha a intenção inicial de publicar aquelas traduções, lhe oferece o cargo de direção de uma nova revista, com o intuito de fazer frente à publicação expressionista *Die Argonauten*. Benjamin trabalha por mais de um ano no projeto do primeiro número da nova revista, em vão: a iniciativa não vai adiante por diferentes motivos.

CRONOLOGIA: VIDA E OBRA DE WALTER BENJAMIN

1923 – Publica *Charles Baudelaire: Tableaux Parisiens,* pela editora Heidelberg Verlag, de Richard Weißbach. Escreve *A tarefa do tradutor.* Viaja para Frankfurt, onde, por intermédio de Siegfried Kracauer, conhece Theodor Adorno, com quem manterá uma relação de amizade duradoura. Seu amigo Gershom Scholem emigrou para o Mandato Britânico da Palestina, tornado mais tarde o estado de Israel. Nos anos seguintes, Scholem tenta persuadir Benjamin a se juntar a ele.

1924 – Junto com Ernst Bloch, passa alguns meses em Capri e dedica-se a redação de sua tese de habilitação, *A origem do drama barroco alemão.* Ainda em Capri, por sugestão de Bloch, entra em contato com a obra de Lukács, *História e consciência de classe.* Conhece e se envolve com a atriz, dramaturga e ativista política letã Asja Lācis. Criadora das Trupes de Teatro Proletário, na antiga URSS – iniciativa voltada para educação dos sentidos do público infantil –, sua influência intelectual irá exercer papel importante na formação política do filósofo. Em carta dirigida a Scholem, Benjamin diz ter sido apresentado a "uma das mulheres mais extraordinárias que já havia conhecido". O texto de Benjamin, *Programa de um teatro infantil proletário* se deve à contribuição teórica da amiga-dramaturga. Data dessa época seu interesse pelo marxismo.

1925 – Aconselhado a não apresentar sua tese de habilitação para admissão na Universidade de Frankfurt, retira formalmente sua proposta evitando assim a recusa oficial do pleito. Desencantado com o conservadorismo acadêmico, renuncia a uma possível carreira de docente e assume a condição de escritor livre (*freier Schriftsteller*). Seu ensaio *Sobre as afinidades eletivas de Goethe* é editado por Hugo von Hofmannsthal. Com este trabalho, multiplicam-se os convites para publicação em jornais e revistas. Seu amigo Scholem assume a cátedra na Universidade de Jerusalém, tornando-se docente da disciplina Mística Judaica.

1926-1927 – Em conjunto com Franz Hessel, trabalha na tradução de obras de Proust, sobretudo, *À la recherche du temps perdu.*

THEODOR ADORNO & WALTER BENJAMIN: EM TORNO DE UMA AMIZADE ELETIVA

Em dezembro de 1926, ano da morte de seu pai, viaja a Moscou e encontra-se com Asja Lācis. Escreve *Rua de mão única*, dedicado a Lācis. Torna-se colaborador das Revistas *Frankfurter Zeitung* e *Literarische Welt*. Passa uma temporada em Paris, ocasião na qual inicia o trabalho das *Passagens* (*Das Passagen-Werk*), seu monumental e inacabado projeto filosófico-literário. Encontra-se com Scholem em Paris e confidencia ao amigo a vontade de estudar hebraico. Scholem põe Benjamin em contato com Judah Leon Magnes, importante rabino da Reforma nos EUA e Palestina, então reitor da Universidade Hebraica de Jerusalém.

1928 – Publica *Rua de mão única* e *Origem do drama barroco alemão*, pelo editorial Rowohlt. Aproxima-se de Bertold Brecht com quem já tivera o primeiro contato em 1924 por intermédio de Asja Lācis. Benjamin, que havia manifestado a Scholem disposição em ir a Jerusalém, recebe, por intermédio do amigo, o incentivo de uma bolsa para estudar hebraico em Berlim, como um primeiro passo para sua migração à Palestina. Asja Lācis retorna a Berlim e Benjamin estreita relações com ela. Para descontentamento de Scholem, o filósofo posterga sua ida à Palestina. Embora tenha recebido o valor integral de custeio para seus estudos de hebraico, seu plano de migrar a Jerusalém nunca se realizou.

1929 – Reencontra Brecht em Berlim, dando origem a uma longa amizade e intensa parceria intelectual. Escreve resenhas, adendos, críticas literárias e socioculturais para diferentes jornais. Realiza palestras radiofônicas sobre literatura, dirigidas a crianças e jovens alemãs. Escreve *O Surrealismo* e *Para a foto de Proust*.

1930 – Em carta a Scholem, escrita em francês, descarta definitivamente a possibilidade de migrar para a Palestina devido a diversos motivos. Depois de anos de um tumultuado casamento, divorcia-se de Dora Sophie em condições adversas. Em novembro, morre a sua mãe, aos 61 anos. Escreve os textos *Melancolia de esquerda: a propósito do* *novo livro de poemas de Erich Kästner* e *Teorias do fascismo alemão: sobre a coletânea Guerra e guerreiros,* esse último editado por Ernst Jünger.

1931 – Publica o ensaio *Karl Kraus*, no periódico *Frankfurter Zeitung*. Escreve *Pequena história da fotografia*. É afetado por episódios de profunda depressão. Assina muitos de seus escritos e artigos de jornal com os pseudônimos de Karl August Stempflinger, C. Conrad e Detlef Holz (trocadilho com o sobrenome "Holz", em alusão à palavra "madeira").

1932-1933 – Viaja para Ibiza em busca de condições de vida menos dispendiosas e com mais conforto. Continua a trabalhar como colaborador em periódicos e revistas, atuando também junto a emissoras de rádio. Conhece o escritor e historiador da arte Jean Selz, com quem realiza experiências com drogas e a partir daí escreve diferentes ensaios sobre haxixe, ópio e outras drogas, reunindo material baseado em suas experiências. Durante estada na Toscana, no povoado de Poveromo, dá início ao projeto da peça teatral *Ein Mantel, ein Hut, ein Handschuh*, em parceria com Wilhelm Speyer. Passa nova temporada em Ibiza, ocasião em que se envolve com a pintora, desenhista e artista têxtil holandesa Anne Marie Blaupot Ten Cate – a quem afetuosamente chama de "Toet" Blaupot Ten Cate –, com quem irá manter extensa correspondência. Posteriormente ela irá traduzir ensaios de Benjamin, a exemplo do texto sobre a *reprodutibilidade técnica*.

1933 – Tem contratos de trabalho cancelados na Alemanha, tornando escassas as oportunidades de publicação em seu país. Ainda em Berlim, escreve a Scholem, em carta datada de 28 de fevereiro: "o ar está irrespirável; circunstância que, aliás, perde a transcendência à medida que estão nos estrangulando. Isto, sobretudo, no plano econômico". Com a ascensão do nazifascismo, deixa Berlim em 18 de março, abandonando definitivamente a Alemanha. Passa semanas em Paris antes de viajar para Ibiza e Nice, permanecendo nestas localidades por alguns meses. Em outubro retorna a Paris. Os negócios da família entram em falência e sua situação financeira torna-se precária. No exílio surgem alguns de seus importantes trabalhos, graças em muito à ajuda financeira que recebe – por intermédio de Adorno – do Instituto de Pesquisa Social. Encontra-se algumas vezes com Horkheimer em Paris. Escreve *Experiência e pobreza.*

1934 – Passa a primeira temporada como hóspede de Brecht, em Skovbostrand, na Dinamarca. Juntos criam projetos de publicação de textos e novelas policiais, bem como um grupo de leituras voltado para a crítica política dos escritos de Heidegger. Interessa-se pelo teatro operário de Brecht e escreve diferentes ensaios e resenhas sobre o teatro épico. Publica o ensaio *Franz Kafka, no décimo aniversário de sua morte.* Torna-se bolsista do Instituto de Pesquisa Social. Escreve *O autor como produtor.* Publica o ensaio *Sobre o lugar do escritor francês na sociedade*, no número 3 da Revista do Instituto.

1935 – Devido a problemas financeiros, se hospeda na pensão Villa Verde, de sua ex-esposa, em San Remo. Escreve crítica sobre uma novela de Brecht, para a revista *Die Sammlung*, de Klauss Mann. O escrito nunca foi publicado, tendo em vista que Mann considerou que os honorários solicitados por Benjamin excediam os valores correspondentes àquela tarefa. Escreve *Paris, a capital do século XIX* e *A obra de arte na era de sua reprodutibilidade técnica.* Sobre este último ensaio, em carta datada de 09 de outubro, Benjamin confidencia à amiga Gretel a sua satisfação com o resultado alcançado por ele em termos teóricos: "Nestas últimas semanas, identifiquei o caráter estrutural oculto na arte atual, na situação atual da arte, que permite reconhecer o que é decisivo para nós, precisamente no que só agora ganha posição no 'destino' da arte no século XX". Por sua vez, em carta à amiga Anne Marie Blaupot Ten Cate, de fins de novembro, Benjamin descreve a importância do ensaio dentro de sua obra: "Todo o conhecimento histórico pode ser representado pela imagem de uma balança em equilíbrio e em cujos pratos, um contém o conhecimento do passado e o outro o do presente [...] Isso foi o que eu apreendi ao refletir sobre as condições de vida da arte atual".

1936 – Passa mais uma temporada na Dinamarca em companhia de Brecht. Publica o ensaio *O Narrador: considerações sobre a obra de Nikolai Leskov.* É publicado também o ensaio *A obra de arte na era de sua reprodutibilidade técnica*, na *Zeitschrift für Sozialforschung*.

1937 – Seu artigo *Eduard Fuchs, historiador e colecionador*, encomendado por Horkheimer, é publicado no volume 6 da revista do Instituto. Encontra-se com Adorno em Paris e participa da conferência do Congresso Internacional para a Unidade da Ciência. Ainda, juntamente com Adorno, visita o historiador da arte Eduard Fuchs, em seu apartamento na capital francesa. Com a ajuda de Paul Valéry, tenta obter cidadania francesa, sem sucesso.

1938 – Realiza nova e prolongada visita a Brecht, então exilado em Skovbostrand, na Dinamarca. Escreve *A Paris do Segundo Império em Baudelaire*. Torna-se membro da sociedade secreta Acéphale e membro do *Collège de Sociologie*, fundado por Bataille e Caillois. Em carta à Hokheimer, de 28 de maio, escreve: "Bataille e Callois fundaram em conjunto um Collège de Sociologie Sacrée, onde recrutam publicamente os jovens para a sua aliança secreta". Nos dias 02 e 14 de maio foram divulgados os decretos que regulavam os dispositivos legais e a situação dos estrangeiros "indesejados" na França, limitando seus direitos de permanência e naturalização, expressando claramente a discriminação do Governo em relação aos "indivíduos moralmente duvidosos", bem como parte da população trabalhadora estrangeira. Em carta a Gretel, datada de 1º de novembro, Benjamin – ao abordar *Le statut des étrangers en France à la veille de la seconde guerre mondiale*, posteriormente complementado pelo decreto-lei Daladier de 12 de novembro – escreve: "Continuo aguardando meu processo de naturalização com cautela e sem ilusões. Se antes as possibilidades de êxito eram duvidosas, o motivo desse êxito se tornou problemático.

A falência da ordem jurídica na Europa faz com que qualquer tipo de legalidade seja enganosa".

1939 – Adorno e Gretel finalmente convencem Benjamin (que havia relutado por anos em deixar a Europa) de que era necessário para a sua sobrevivência deixar o velho continente. É a partir de então que o Instituto se mobiliza no intuito de efetivar os trâmites legais para sua emigração aos EUA. Em junho, Benjamin escreve a Horkheimer: "Felizmente, a informação que recebi no consulado norte-americano é favorável. A qualquer momento poderei obter um visto de visitante; além dos papéis e do contrato de aluguel daqui, me exigiram um atestado formal de que possuo os meios e condições para viajar. Nesta oportunidade, descobri que o passaporte de refugiado que possuo goza de boa reputação entre os americanos. Certamente, foi emitido apenas em um número limitado, de modo que hoje está entre os melhores documentos legais". Na madrugada de 1º de setembro, as tropas de Hitler invadem a Polônia, dois dias depois Inglaterra e França declaram guerra à Alemanha. O governo francês passa a considerar como inimigos cidadãos de origem alemã, mesmo aqueles refugiados de seu país. Benjamin foi preso e internado no chamado *"camps des travailleurs volontaires"*, no abandonado Château de Vernuche, juntamente com outros refugiados alemães. Sobre o período que esteve exilado em Nevers, em carta a Gretel, de 25 de setembro, ele escreve: "Deixei Paris há mais de três semanas. Depois de um período intermediário, estou internado em um centro de reclusão. Há umas trezentas pessoas instaladas aqui no mesmo edifício em que me encontro. Outros refugiados estão em semelhantes agrupamentos, em outros espaços de concentração. Acredito que não seja necessário dizer o quanto é importante eu ter notícias suas. Segue meu endereço: *Centro de Trabalhadores Voluntários, Grupo VI, Clos Saint-Joseph, Nevers (Nièvers).* Peço, encarecidamente, que me escreva em francês para facilitar o trabalho da censura". Após dois meses de detenção, Benjamin é libertado graças ao apoio do diplomata Henri Hoppenot (funcionário do Ministério de Assuntos Exteriores) e à intervenção

CRONOLOGIA: VIDA E OBRA DE WALTER BENJAMIN

de intelectuais como Hermann Kesten, Sylvia Beach, sobretudo, da amiga Adrienne Monnier, figura influente na cena da vanguarda literária parisiense nas décadas de 1920 e 1930. Monnier foi uma das primeiras mulheres na França a fundar sua própria livraria – *La Maison des Amis des Livres* – e, além disso, uma das primeiras leitoras da versão francesa de *A obra de arte na era de sua reprodutibilidade técnica*. Retornando a Paris, Benjamin escreve a Horkheimer comunicando a reabertura da *Bibliothèque Nationale* e, no ensejo, consulta-o sobre os próximos trabalhos a serem possivelmente encomendados pelo Instituto, mencionando, também, a pretensão de continuar com a pesquisa sobre Baudelaire e de retomar outros de seus escritos o mais breve possível. Em resposta, Horkheimer informa sua preferência pelo *Baudelaire*, mas o deixa livre para eleger qual trabalho retomar primeiro. Benjamin, acatando a sugestão, ocupa-se da continuação do *Baudelaire*. Ainda, conclui a segunda versão de *O que é o teatro épico?*

1940 – Escreve as suas teses *Sobre o conceito de história*. Dá continuidade à elaboração das *Passagens*. Com o apoio de Horkheimer – responsável pela emissão de uma declaração juramentada atestando seu vínculo com o Instituto –, Benjamin obtém seu visto de entrada nos EUA. Sabe-se que, após sua decisão de deixar a Europa, o Instituto não mediu esforços para ajudá-lo, em especial Adorno, que abre mão de suas férias para acompanhar de perto o trânsito do amigo. Em maio, tem início a ofensiva de Hitler rumo à Paris. Após a invasão da França pelas tropas alemãs, Benjamin e sua irmã Dora fogem para a cidade de Lourdes. De lá, ele escreve sua última carta endereçada a Gretel, datada de 19 de julho: "É possível, e até provável, que não tenhamos mais do que um tempo limitado [...] Quero que saibam da confiança que deposito nos esforços conjuntos de vocês, reconheço tanto as dificuldades como a resolução e tenacidade que isso exigiu de vocês. E você deve ter certeza, por outro lado, que até agora eu consegui preservar um estado de espírito único e adequado para alguém que está exposto a riscos previsíveis, nos quais incorro com conhecimento de causa (ou quase). Transmita os meus afetuosos

195

cumprimentos a Teddie e meus cordiais agradecimentos a Max e seu amigo". A partir daí, planeja uma rota de fuga pelos Pirineus com o objetivo de atravessar, ainda que ilegalmente, a fronteira entre França e Espanha, iniciativa essa que não terá êxito. Sem autorização para entrar em território espanhol, é ameaçado de deportação pela polícia de Vichy (região alinhada aos interesses do III Reich). Apavorado com a possibilidade de uma nova detenção, Benjamin se suicida. No dia seguinte seus companheiros de viagem conseguem permissão das autoridades espanholas para atravessar a fronteira e continuar o trajeto até Portugal, rumo aos EUA. Após a fatídica travessia, a advogada Carina Birman, que cruza a fronteira franco-espanhola e pernoita com o grupo na mesma pensão, lembra que Benjamin estava "emocional-mente desanimado e fisicamente esgotado". De acordo com Scholem, a "única notícia autêntica" sobre os acontecimentos ligados à morte do amigo "está descrita em um minucioso relatório que a Sra. Gurland escreveu em 11 de outubro de 1940" para o cunhado Arkadi Gurland, cientista político e colaborador do Instituto à época. Scholem revela ainda que recebeu de Adorno uma cópia dessa carta, na qual Gurland narra o ocorrido nos seguintes termos: "[...] Chegamos a Port-Bou e fomos à *gendarmerie* para solicitar o nosso visto de entrada. Quatro mulheres e nós três, ficamos lá sentados por uma hora, chorando, implorando, desesperados, diante dos funcionários, mostrando nos-sos documentos perfeitamente em ordem. Todos nós fomos listados como *sans nationalité* e fomos informados que alguns dias antes um decreto havia sido publicado, proibindo a entrada de pessoas sem nacionalidade na Espanha. Permitiram-nos passar uma noite em um hotel *soi-disant* sob vigilância e apresentaram-nos três policiais que nos acompanhariam na manhã seguinte até a fronteira francesa. Eu não tinha outro documento além dos papéis americanos, para Joseph e para Benjamin, isso significava deportação para um campo de con-centração. Então, fomos todos, desesperados, para nossos quartos. Na manhã seguinte, por volta das 7h, a Sra. Lippmann me chamou porque Benjamin perguntara por mim. Ele me confessou que na noite anterior, por volta das 22h, havia ingerido grandes quantidades de morfina e que eu deveria tentar apresentar a situação como consequência de uma doença. Entregou-me uma carta endereçada a mim e a Adorno Th. W... [sic]. Então, perdeu a consciência. Mandei chamar um médico, que diagnosticou um derrame cerebral, e, quando lhe pedi que levasse Benjamin a um hospital, isto é, para Figueres, ele recusou assumir qualquer responsabilidade, pois Benjamin já estava moribundo. Passei o dia inteiro com a polícia, o prefeito e o juiz, que examinaram todos os papéis e encontraram uma carta endereçada aos dominicanos, na Espanha. Tive que chamar um padre e juntos rezamos de joelhos por uma hora. Suportei momentos de angústia terríveis por Joseph e por mim até o dia seguinte, quando foi emitido o atestado de óbito. Como estava previsto, na manhã do dia em que Benjamin morreu, os policiais vieram buscar as quatro mulheres. Deixaram Joseph e a mim no hotel porque tínhamos vindo com Benjamin. Assim, lá me encontrei sem um *visa d'entrée* e sem ter passado pelo controle alfandegário, que foi realizado posteriormente no hotel [...]". Além de descrever o difícil processo de liberação (à base de suborno) das companheiras de viagem, Gurland informa que posteriormente ela e seu filho também puderam seguir viagem, não sem antes deixar um túmulo pago por cinco anos no cemitério de Portbou. E, conclui seu relato com as seguintes palavras: "Não consigo descrever a situação com mais precisão. O temor era tanto que, depois de ter lido, tive que destruir a carta endereçada a Adorno e a mim. Consistia em cinco linhas em que afirmava que ele, Benjamin, não aguentava mais, que não via qualquer saída e esperava que eu pudesse explicar isso a Adorno, bem como a seu filho". Os pertences de Benjamin, listados no relatório do juiz local de Portbou, incluem: um relógio de ouro, um cachimbo, um passaporte, algum dinheiro, uma radiografia, seis fotos de passaporte, óculos, revistas, jornais, várias cartas e uns papéis, entre eles um documento oficial do Instituto de Pesquisa Social, expedido de Nova York. Segundo se sabe, Benjamin não teve sepultura permanente, não sendo, portanto, conhecido o paradeiro de seus restos mortais. Anos após, o governo da Catalunha dedicou ao filósofo uma tumba simbólica no cemitério da cidade e, juntamente com o governo da Alemanha, foi erigido o *Memorial Walter Benjamin*, criação do artista israelense Dani Karavan. O monumento intitulado *Passagens* foi inaugurado em homenagem ao cinquentenário de sua morte, contando com a presença de Lisa Fittko (guia em sua fuga pelos Pirineus) e Michael (Mischa) Benjamin (filho de Hilde e de seu irmão Georg). Anualmente, no mês de setembro, acontece em Portbou um simpósio internacional com o intuito de rememorar e discutir a extensa obra e o importante legado intelectual de Benjamin.

1941 – Brecht é informado, por Günter Stern, sobre o falecimento de Benjamin, devido à ingestão letal de morfina. Em agosto, o dramaturgo relata em seu *Diário de trabalho*: "Benjamin se envenenou em alguma cidadezinha da fronteira espanhola [...] Li o último artigo que ele enviou ao Instituto de Pesquisa Social. Günter Stern me deu o artigo, comentando que é complexo e obscuro, acho que também usou a palavra 'belo'. O pequeno ensaio trata de pesquisa histórica e podia ter sido escrito depois da leitura do meu *César* (que B[enjamin] não achou grande coisa quando leu em Svendborg). B[enjamin] rejeita a noção de história como um *continuum*, a noção de progresso como um poderoso empreendimento levado a cabo por cabeças frias e lúcidas, a noção de trabalho como fonte da moral, dos operários como *protegés* da tecnologia, etc. Ridiculariza a opinião corrente que acha espantoso o fato de o fascismo "ainda ser possível neste século" (como se não fosse o fruto de todos os séculos). Em suma, o pequeno ensaio é claro e enfoca questões complexas com simplicidade (apesar de suas metáforas e seus judaísmos) e é assustador pensar que são poucas as pessoas preparadas até para compreender mal esse trabalho". Embora se saiba que o elemento teológico em Benjamin perturbava Brecht, ele mesmo não deixa de reconhecer a importância do legado do amigo, razão pela qual confidencia a Adorno ter sido Benjamin o seu "melhor crítico". Em homenagem ao amigo, Brecht escreve o poema *Ao suicídio do fugitivo W. B.* A propósito, pode-se dizer que as influências da teoria crítica de Adorno, do ativismo de Brecht e do misticismo judaico

CRONOLOGIA: VIDA E OBRA DE WALTER BENJAMIN

de Scholem foram basilares para que Benjamin pudesse transitar entre essas diferentes tradições.

1942 – (a 26 de agosto, no campo de concentração de Mauthausen) morre Georg Benjamin, aos 46 anos. Médico pediatra e ativista da Resistência contra o nacional-socialismo (*Widerstand gegen den Nationalsozialismus*), Georg era o irmão do meio de W.B. Estudou matemática, química, física e medicina. Desde muito jovem adquire consciência política e em 1920 torna-se politicamente ativo, atuando primeiramente no USPD e posteriormente no KPD. A partir de 1922, trabalha para a Associação Médica Socialista, contribuindo para o desenvolvimento do Serviço Proletário de Saúde. No ano de 1923 é aprovado no exame de especialista da Academia de Higiene Social. A partir de 1926 trabalha para a Ajuda Internacional aos Trabalhadores (*Internationale Arbeiterhilfe* – IAH), uma organização que cuidava de benefícios sociais dos trabalhadores, no período Entreguerras. Dedica-se a temas científicos, sociais e políticos voltados para o trabalho infantil e o cuidado e alimentação de crianças. Ainda em 1926, casa-se com Hilde (Helene Marie Hildegard Lange), advogada que, após a Segunda Grande Guerra, torna-se Vice-Presidente da Suprema Corte e, posteriormente, Ministra da Justiça da República Democrática Alemã. No ano de 1931, Georg passa a trabalhar como médico na Embaixada Soviética de Berlim e no mesmo ano abre um consultório perto de sua casa, no bairro operário de Berlin-Wedding. Em 1932 nasce seu filho Michael Benjamin, único sobrinho de W.B. Sua atividade política resultou em diversas sentenças de reclusão em diferentes campos de concentração. Quando foi levado sob "custódia protetora" para o maior campo de detenção nazista no território da Áustria, o relatório da administração penitenciária havia declarado que "suas opiniões políticas deveriam ser vistas de forma negativa". A ordem de transporte da Gestapo declarou expressamente que a libertação do "comunista judeu era inadequada". Em agosto, Hilde recebe mensagem do comando do campo de detenção, alegando que seu marido havia cometido "suicídio mediante o uso de corrente de alta voltagem". Tendo em vista que nem o relatório médico e tampouco o atestado de óbito acusam a *causa mortis*, esse fato a leva a sustentar que, ao contrário, Georg foi executado enquanto encarcerado no campo de concentração de Mauthausen.

1945 – Em 24 de abril o Exército Vermelho fecha o cerco sobre Berlim, dando início ao cessar-fogo alemão, finalizando praticamente o último capítulo da Segunda Grande Guerra na Europa. Em 30 de abril os soviéticos invadem o Reichstag, representando a tomada da capital do Deutsche Reich, selando o fim do Eixo Nazifascista. Naquele mesmo dia, poucos metros do Reichstag, Hitler e sua companheira Eva Braun, escondidos num bunker subterrâneo, cometem suicídio. A Batalha de Berlim, designada *Operação Ofensiva Estratégica de Berlim*, considerada o combate derradeiro, foi o ataque frontal da grande ofensiva soviética contra a Wehrmacht, a Waffen-SS, membros da Volkssturm e unidades formadas por crianças-soldados da Juventude Hitlerista. Na noite de 8 de maio (9 de maio – na hora de Moscou) é assinada a rendição incondicional das forças alemãs. Considerado o Dia da Vitória na Europa, este é o marco da capitulação da Alemanha Nazista. A cunhada de Benjamin, Hilde e seu filho Michael (sobrinho de W.B.) foram os únicos sobreviventes da família na Alemanha. A vitória dos Aliados contra o Eixo salvou a vida de Stefan (filho de W.B.), que – assim como sua mãe Dora Sophie – vivia em Londres.

1946 – (1º de junho, na cidade de Zurique) morre Dora Benjamin, aos 45 anos. Economista política, cientista social e psicóloga, era a irmã caçula de W.B. Em 1914, quando eclodiu a Primeira Guerra Mundial, Dora tinha apenas 13 anos. Após concluir estudos de economia política na Universidade de Greifswald, Dora se dedica a questões pedagógicas e psicológicas de mulheres e crianças em condições sociais desfavorecidas, inspirada pela observação da prática clínica de seu irmão Georg, em Berlin-Wedding. Em 1933, após Georg ter sido levado sob 'custódia preventiva' pelos nazistas, Benjamin e Dora

CRONOLOGIA: VIDA E OBRA DE WALTER BENJAMIN

fogem para a França em rotas diferentes. Já em Paris, Dora trabalha na *Assistance médicale aux enfants des Refugiés*, fundada por Hanna Grundwald-Eisfelder. Após ser detida no campo de concentração de Gurs – maior campo francês, construído antes da Segunda Guerra para internar ex-combatentes da Guerra Civil Espanhola –, ela, como muitos outros, consegue escapar e foge para a cidade de Lourdes. Documentos revelam que ela havia conseguido um visto de entrada nos EUA, mas debilitada por doenças e sentindo-se ameaçada pela ocupação nazista na França, decide fugir para a Suíça. Naquele país, trabalha em uma organização de ajuda a crianças emigrantes, além de outras organizações de refugiados, apesar de debilitada pela doença em estágio já avançado. Morre de câncer em condição de pobreza.

1950 – É publicado pela Suhrkamp o primeiro livro de Benjamin no pós-guerra, *Infância em Berlim por volta de 1900*, editado por Adorno com colaboração de Scholem.

1955 – Adorno e Gretel editam uma coletânea dos trabalhos de Benjamin em dois volumes, intitulado *Schriften*, publicada pela Suhrkamp Verlag.

1964 – (a 24 de maio, na cidade de Londres) morre a jornalista, escritora e tradutora austríaca Dora Sophie (Kellner), aos 74 anos. Dora foi mais do que uma ex-companheira e mãe do filho de Benjamin. Em 1933, quando os judeus alemães tiveram seus direitos restringidos, ela e Benjamin se reaproximam. Em diferentes situações, Dora não só auxiliou Benjamin oferecendo abrigo por diversas vezes em San Remo, mas também angariando a ajuda de terceiros para o ex-marido no exílio em Paris. Meses antes de sua morte, Benjamin, em carta a Gretel, datada em 17 de janeiro de 1940, escreve: "Vi Dora, recentemente, antes de seu retorno a Londres. Ela me deu notícias de Stefan, nem muito ruins nem muito boas. Tenho a impressão que os dois estão em melhores condições. Dora estava acompanhada de um amigo inglês que me causou muito boa impressão". O amigo de quem Benjamin se refere era, muito provavelmente, o empresário Harry Morser (seu terceiro marido) que possibilitou a ela mudar legalmente para a Inglaterra, onde viveu e trabalhou até a sua morte. Rolf Tiedemann defende a primeira tese de doutoramento dedicada à obra de Benjamin, sob a orientação de Adorno.

1965 – Tiedemann publica seus *Escritos sobre a filosofia de Walter Benjamin*, com prefácio de Adorno. Contando diversas edições em língua alemã, o livro foi também traduzido para o francês, pelo filósofo e historiador da arte Rainer Rochlitz no ano de 1987, sob o título *Études sur la philosophie de Walter Benjamin*.

1966 – É publicada pela Suhrkamp, em dois volumes, parte importante das correspondências trocadas entre Benjamin e diferentes interlocutores, com organização e edição de Adorno e Scholem, sob o título *Briefe 1: 1910-1928* e *Briefe 2: 1929-1940*.

1972 – (a 06 de fevereiro, na cidade de Londres) morre seu filho Stefan Rafael Schönflies Benjamin, aos 53 anos. Em 1938, devido ao endurecimento das leis antijudaicas, Stefan – que em 1933 já havia emigrado para a Itália com Dora – translada-se juntamente com sua mãe para Londres, onde trabalha como alfarrabista até a sua morte.

1974 – São publicadas as *Obras completas* (*Gesammelt Schriften*) de Benjamin, editadas por Tiedemann e Schweppenhäuser, iniciativa esta que contou primeiramente com a colaboração de Adorno e Scholem.

1981 – Giorgio Agamben recebe das mãos da viúva de Georges Bataille, Diane de Beauharnais, uma das versões existentes das teses *Sobre o conceito de história* (possivelmente o exemplar de trabalho de Benjamin, anotado por ele próprio como *Handexemplar*), deixada aos cuidados de Bataille, então bibliotecário da BnF, a quem Benjamin destina parte de seus escritos antes de sua apressada saída de Paris, em 1940. Posteriormente, essa versão das "Teses" será integrada aos

CRONOLOGIA: VIDA E OBRA DE WALTER BENJAMIN

Gesammelt Schriften. Agamben irá se tornar o responsável pela edição italiana da obra de Benjamin.

1982 – (a 21 de fevereiro, na cidade de Jerusalém) morre o historiador Gershom Gerhard Scholem. Desde julho de 1915 torna-se amigo de Benjamin, amizade essa que durou até a morte do filósofo. Após a Grande Guerra, Scholem, juntamente com Adorno, torna-se um ativo colaborador na publicação do espólio de Benjamin, publicando, ainda, os livros *Walter Benjamin: a história de uma amizade*, onde registra suas memórias – incluindo parte das correspondências trocadas com o amigo – e *Walter Benjamin e seu anjo: quatorze ensaios e pequenas contribuições*, com edição de Tiedemann. É publicada a obra inacabada de Benjamin, *As passagens* (*Das Passagen-Werk*), pela Suhrkamp, com edição de Tiedemann.

1987 – É também publicada pela Suhrkamp a edição integral de *Infância em Berlim por volta de 1900*, coleção de esboços autobiográficos, com posfácio de Adorno (de 1950) e posfácio editorial de Tiedemann. A publicação conta ainda com a versão final de 1938, bem como fragmentos das versões anteriores, escritas entre os anos de 1932 e 1934.

CRITÉRIOS E MATERIAIS UTILIZADOS NESTA EDIÇÃO

Seguindo critério documental, este ensaio teve como proposta a análise de parte significativa dos escritos de Theodor W. Adorno e Walter Benjamin, dando particular atenção ao diálogo crítico dos dois autores, que se acredita essencial para a colaboração qualificada entre ambos. O *leitmotiv* desta edição está fundamentado especialmente em doze anos de um fecundo relacionamento epistolar. As cartas trocadas pelos pensadores, publicadas no Brasil pela Editora UNESP, no ano de 2012 (ver bibliografia), serviram de base para a argumentação da autora, demonstrando que entre eles uma *amizade eletiva*, por assim dizer, pôde ser expressa em variados níveis, ultrapassando em muito a esfera da colaboração crítico-teórica formal. Mutuamente, ambos os filósofos souberam, como poucos, se ajudar em tempos repletos de *ruínas e escombros*, sob a égide do nazifascismo.

Como se sabe, a totalidade dos escritos de Adorno e Benjamin não foi ainda disponibilizada em língua portuguesa. Há, também, dados faltantes relativos a uma série de correspondências que foram extraviadas, a exemplo das cartas que Adorno escreveu para Benjamin até o ano de 1933, que permaneceram na residência de Benjamin em Berlim quando de sua partida apressada da Alemanha[50]. Para suprir algumas

---

[50] Em carta de 1° de setembro de 1933, Benjamin escreve a Scholem demonstrando preocupação com a manutenção de sua biblioteca. De acordo com

Scholem, existe um inventário (escrito à mão por Benjamin) dos papéis que se encontravam em sua residência em Berlim por volta de 1930 e 1931. A maior parte perdeu-se. Scholem declara que boa parte dos livros do amigo foi enviada a Svendborg e Paris, sendo o fato constatado por ele mesmo no ano de 1938. A compilação dos documentos deixados por Benjamin em seu apartamento em Berlim (livros, manuscritos e correspondências a ele dirigidas até o ano de 1933), bem como as informações sobre o confisco e rastreamento de todo o material que restou em seu apartamento na Rue Dombasle, n° 10, em Paris (anotações pessoais, esboços de cartas, rascunhos, resenhas e textos pertencentes à sua biblioteca), podem ser encontradas tanto no texto *Crítica da inteligência livre*, de Reinhard Müller & Erdmut Wizisla, publicado na revista *Der Mittelweg 36*, do Instituto de Pesquisa Social de Hamburgo (ver bibliografia: obras gerais – citadas e relacionadas) quanto nas cartas de Gretel & Benjamin e Scholem & Benjamin (ver bibliografia: correspondências selecionadas). Segundo Scholem, se alguns papéis de Benjamin, que caíram nas mãos da Gestapo em Paris, em 1940, foram preservados, isto foi devido a um acidente causado por uma circunstância incomum. Em resumo, ele explica que os papéis de Benjamin haviam ido parar no arquivo do *Pariser Tageszeitung* (Diário de Paris) por um equívoco no momento de fazer a embalagem. Enquanto todos os papéis, atas e pastas dos arquivos confiscados foram destruídos pela Gestapo, o arquivo do *Pariser Tageszeitung* sobreviveu à destruição, devido a um ato "benevolente" de sabotagem praticado por um dos funcionários. Esses papéis tiveram como destino a URSS, mantidos por quinze anos em arquivos da KGB. Ao que tudo indica todo o material relacionado a Benjamin foi incorporado ao acervo intitulado "Documentos do Nazismo", confiscado pelas Forças Armadas Soviéticas, no fim da segunda Grande Guerra. Conforme depoimento de Scholem, tais documentos só foram enviados ao Arquivo Central de Potsdam devido a uma decisão política, tomada por volta de 1960, de começar a restituir à Alemanha Oriental não só os arquivos como também obras artísticas e literárias de museus e bibliotecas. Ainda, segundo o relato de Scholem, muito tempo se passou até a editora Suhrkamp ter conhecimento da existência das cartas, através de pessoas que trabalhavam no Arquivo Brecht, bem como por meio de um relato feito por um ex-colaborador do Instituto de Pesquisa Social, o economista Alfred Sohn- -Rethel, que constatou a presença de tais papéis durante sua visita a Potsdam. Convém lembrar que em inícios dos anos de 1970, os documentos de Benjamin foram transferidos do Arquivo Central de Potsdam para o Arquivo Literário da Academia das Artes da República Democrática Alemã, em Berlim Oriental.

CRITÉRIOS E MATERIAIS UTILIZADOS NESTA EDIÇÃO

dessas lacunas foram utilizadas como fontes, documentos biográficos, numerosas cartas que se conservaram entre diferentes amigos, bem como informações de comentadores sobre a obra e a história da recepção dos dois pensadores até os dias de hoje, completando, desta forma, dados faltantes ou mesmo informações divergentes e contraditórias entre si, registradas nas diferentes fontes consultadas.

Não por outra razão, este ensaio procurou ser o mais fiel possível às produções científicas de Adorno e de Benjamin. Como um desdobramento consequente, a pesquisa desenvolveu-se sob uma perspectiva teórica dialética, por suas ferramentas e métodos[51]. Deste modo, em termos de estrutura, este estudo, que se subdivide em cinco partes, está apresentado de acordo com a seguinte forma:

Parte I – *Genealogia dos afetos* (pp. 31-58): reservado à minuciosa análise das missivas e com o intuito de seguir os rastros da colaboração mútua por meio do gênero epistolar – no dizer de Adorno, as cartas eram para Benjamin uma espécie de gravuras da história natural, que sobrevivem à morte –, neste ensaio foi utilizada, como fonte principal de informação, a *Correspondência 1928-1940 Adorno-Benjamin* (ver bibliografia);

Em meados dos anos de 1990, uma parte desse material foi remanejada para Frankfurt e integra hoje o acervo do Arquivo Theodor W. Adorno, fundado em 1985. O espólio de Benjamin, incluindo o acervo dos referidos documentos mantidos em Moscou encontram-se em Berlim, no Arquivo Walter Benjamin, criado em 2004, instituição ligada à Fundação Hamburgo para a Promoção da Ciência e Cultura na Academia de Artes.

[51] De acordo com Adorno, a dialética não é algo simplesmente operacional, mas a tentativa de superar a mera manipulação conceitual, de lidar em cada fase com a tensão entre o pensamento e aquilo que é subjacente a ele. Para o filósofo a dialética é o método do pensar que não é tão-somente método, mas a tentativa de superar a arbitrariedade do método e a de introduzir no conceito o que não é conceito. Assim é que ele considera a dialética como um método que se refere ao "pensar do pensar" e, portanto, se diferencia ao mesmo tempo de outros métodos. Esta sua "tentativa de definição", pode ser encontrada na primeira aula do curso *Introdução à dialética*, datada de 08 de maio de 1958.

Parte II – *Da possibilidade de convergir na diferença* (pp. 59-92): na tentativa de contrapor o que se acredita ser certa "tendência de polarização" entre os dois pensadores que dialogam sobre diversas questões filosóficas, este ensaio foi desenvolvido a partir da discussão promovida pelos próprios autores sobre suas próprias ideias – *Correspondência 1928-1940 Adorno-Benjamin* (ver bibliografia) –, destacando o fato de que as colaborações e intervenções de ambos – diferentes, mas não antagônicas – sempre foram realizadas com grande sinceridade intelectual;

Parte III – *Um dialético legado intelectual* (pp. 93-128): sem abandonar a *Correspondência*, mas evidenciando os escritos individuais dos filósofos-amigos (ver bibliografia: obras citadas de Theodor Adorno e obras citadas de Walter Benjamin), este ensaio foca na cooperação mútua e na qualidade de uma relação dialética que foi construída sempre igualada na diferença. Na tentativa de alargar a discussão presente nas obras de ambos os autores, o texto busca, sobretudo, interpretar a relação de tensão entre os escritos ensaísticos dos dois pensadores;

Parte IV – *Sobre o espólio de Walter Benjamin* (pp. 129-164): refere--se ao esforço dos amigos Theodor Adorno e Gershom Scholem de salvaguardar os textos de Benjamin e conservar a sua memória por meio da publicação de seus escritos. Trata, também, das tentativas de Hannah Arendt em deter o controle do patrimônio filosófico-literário de Benjamin. Para tanto, foram utilizadas parte das correspondências entre Adorno & Scholem e Adorno & Arendt (ver bibliografia: correspondências selecionadas);

Parte V – *Apêndice* (pp. 165-204): para este adendo, que enfoca a vida e a obra de ambos os pensadores, foram consultadas, em maior escala, correspondências entre diferentes interlocutores. Para a vida e obra de Adorno, foram consultadas as cartas trocadas com seus pais; Alban Berg; Thomas Mann; Max Horkheimer; Gershom Scholem; Ernst Krenek e Siegfried Kracauer, utilizando, ainda, um pequeno

CRITÉRIOS E MATERIAIS UTILIZADOS NESTA EDIÇÃO

escrito de Reinhard Pabst, sobre sua infância passada na estância de veraneio da cidade de Amorbach. Para a vida e obra de Benjamin, foram utilizados relatos do livro de Uwe-Karsten Heye sobre os irmãos Benjamin no período do Entreguerras, assim como do *Diário de trabalho* de Bertold Brecht; uma parte das correspondências trocadas com Gretel Adorno e Gershom Scholem, bem como informações encontradas na publicação compilada de cartas – editada por Adorno e Scholem – entre Benjamin e diversos amigos conhecidos, como Herbert Belmor; Ernst Schoen; Martin Buber; Florens Christian Rang; Rainer Maria Rilke; Hugo von Hofmannsthal; Hannah Arendt; Jula Radt; Alfred Cohn; Adrienne Monnier; Gisèle Freund, entre outros, além, é claro, daquela trocada entre os próprios autores (ver bibliografia: correspondências selecionadas).

Para além da *Nota Introdutória* (pp. 17-28), que expõe de forma concisa a relevância do legado teórico de ambos os pensadores, o estudo compreende, também, *Nota de Agradecimento e Homenagem* (pp. 29-30), *Critérios e materiais utilizados nesta edição* (pp. 205-210), bem como *Bibliografia* de referência (pp. 223-228). Conta, ainda, com *Apresentação* de Bruno Pucci (pp. 11-16) e *Posfácio* de Mário Vieira de Carvalho (pp. 211-222).

As partes relacionadas acima resumem temas filosóficos apresentados ora em uma relação harmônica ora em um campo de tensão e forças que, em sintonia, permeia dois dos pensamentos mais vigorosos do século XX. As informações expostas foram baseadas em escritos e relatos de época (com ênfase nas transformações ocorridas no cenário das práticas político-culturais), sob a ótica daquilo que Adorno criticamente denominava como "o curso do mundo" e que Benjamin, por sua vez, nomeava como "experiência vivida" (*Erlebnis*), contraposta, sobretudo, à necessidade de uma "experiência autêntica" (*Erfahrung*).

Para as informações relacionadas à história cultural da Alemanha, em especial, destacam-se os testemunhos de Adorno, de Benjamin, de amigos escritores, artistas e intelectuais, citados em cartas (ver bibliografia: correspondências selecionadas). Foram também consultadas diferentes fontes secundárias, incluindo os livros: *Berlim no tempo de Hitler*, de Jean Marabini; *História da literatura germânica*, de Frei Monsueto Kohnen; e a apresentação histórica de *A Cultura de Weimar*, de Peter Gay. Do mesmo modo, para os subsídios referentes à história do Instituto de Pesquisa Social, foram consultados os livros de Susan Buck-Morss, *A origem da dialética negativa: Theodor W. Adorno, Walter Benjamin e o Instituto de Frankfurt* e, maiormente, o clássico de Rolf Wiggershauss, *A Escola de Frankfurt: história, desenvolvimento teórico, significação política* (ver bibliografia: obras gerais – citadas e relacionadas).

Cabe registrar que os dados considerados relevantes, quando se fez possível, foram incorporados e suplementados em notas de rodapé com vistas ao esclarecimento de pontos dúbios ou desconhecidos, bem como de possibilitar uma imagem acurada dos débitos intelectuais pertinentes. Alguns pequenos equívocos de ortografia identificados foram, igualmente, corrigidos em nota de rodapé.

Em conformidade com o referencial bibliográfico – e objetivando dar caráter de unidade às traduções dos textos de Adorno e de Benjamin –, optou-se por relacionar os escritos dos dois pensadores levando em conta as edições em que foram citadas, estando, consequentemente, de acordo com o original em alemão das cartas completas (*Gesammelte Briefe*) e das obras completas (*Gesammelte Schriften*) de ambos os autores. Algumas palavras em idioma estrangeiro foram traduzidas para o português. No resto dos casos, optou-se por manter o idioma original, respeitando, dessa forma, o contexto da narrativa.

Resumindo *in totum*, o ensaio concluído é tão-só o início de uma conversa, uma exposição incompleta do entusiasmo de sua composição, da satisfação do contato com autores e obras que proporcionaram o estímulo de sua feitura nos momentos de seu processo de criação. As análises e a confrontação de ideias aqui expostas – longe de não convergirem – representam um grande estímulo para a autora, motivo pelo qual o manifesta abertamente.

POSFÁCIO

MÁRIO VIEIRA DE CARVALHO
(UNIVERSIDADE NOVA DE LISBOA)

Partindo da pesquisa e do exame crítico de um largo leque de fontes disponíveis, nomeadamente a correspondência trocada entre Adorno e Benjamin, em articulação com alguns dos principais escritos de ambos e outras fontes relevantes, Lucyane De Moraes lança nova luz sobre essa parceria intelectual única e irrepetível. Primeiro, na "Genealogia dos afetos" situa a amizade que os uniu – nos tempos conturbados de guerra, perseguição e exílio – e desfaz equívocos a esse respeito. Depois, guia-nos através de um itinerário que percorre tópicos e momentos particularmente marcantes do debate entre ambos, qual contraponto a duas vozes, em que, por definição, uma não pode passar sem a outra, ou, na sugestiva imagem da autora, "relação entre polos opostos que se atraem, representada pelo conceito de reflexão" – como uma "imagem no espelho, que reflete o seu contrário". Complementa o volume com correspondência de Gershom Scholem e Hannah Arendt trocada com Adorno a respeito do espólio de Benjamin. Por fim, há ainda um apêndice com as muito úteis cronologias da vida e obra de cada um deles bem como uma nota sobre os critérios e materiais utilizados na edição.

O percurso pelos testemunhos de uma amizade de mais de vinte anos é realizado pela autora, não de uma maneira fria e distanciada, mas sim, digamos, expressiva, deixando transparecer a sua própria ligação afetiva ou empatia com ambos, enquanto filósofos ou pensadores e pessoas humanas, às quais o contexto social e político, um dos mais trágicos da história, balizado por duas guerras mundiais, colocava desafios de toda ordem e, antes de tudo, o da luta pela sobrevivência. É sobre tal pano de fundo que se ergue um fecundo diálogo criativo, aqui reconstruído pela autora num exercício de pensamento crítico que, sem deixar de ser cativante para o leitor comum, faz deste livro uma referência indispensável para pesquisadores ou especialistas que se aventurem nas temáticas abordadas.

O livro levou-me a colocar uma primeira interrogação: que há nos escritos de ambos que mais os aproxima? Certamente em convergência com a autora, uma resposta se impõe: é a permanente reabertura do processo de produção de sentido.

Adorno questiona a pretensão da ciência moderna à razão absoluta e denuncia-a como ideologia, enquanto, por outro lado (e ao contrário de Marx), retira a "arte autêntica" da esfera da ideologia e atribui-lhe um "conteúdo de verdade". Põe em causa os sistemas teóricos totalizantes, baseados num pensamento dedutivo, por sacrificarem à coerência do sistema a realidade, que não cabe nele. Reclama, para uma teoria social, exigências idênticas àquelas que reclama para a "arte autêntica", irmanando ambas na "esperança de verdade":

- a interação entre objeto e método, em vez da reificação deste impondo-se àquele;
- a dialética sujeito-objeto ou mediação recíproca do objetivo e do subjetivo;
- a recuperação da espontaneidade ingénua e do imediatismo na abordagem do objeto, revalorizando a capacidade de experiência não-regulamentada, o momento da irrupção súbita, fruto da continuidade do trabalho subterrâneo;
- a interdependência de entendimento e emoção, *ratio* e *mimesis*, em que assenta "a capacidade de percecionar nas coisas mais do que aquilo que elas são";

POSFÁCIO

- consequentemente, a prefiguração do "não-idêntico" a partir de uma tendência, a antevisão do novo, da alteridade em que "o que já é" se tornará;
- a captação dos antagonismos não resolvidos entre indivíduo e sociedade, dando-lhes forma em vez de os dissimular numa pretensa "integração";
- a crítica da ideologia como crítica da linguagem (cf. Vieira de Carvalho, 2020).

Cabe perguntar: não é todo o legado teórico de Benjamin, desde logo nas *Teses sobre história* ou em *A obra de arte na era da sua reprodutibilidade técnica*, o exemplo mais acabado de um pensamento crítico consonante com estes postulados? Não é o trabalho inacabado das *Passagens* uma monumental tentativa de chegar a uma teoria, *a posteriori*, por via fragmentária e indutiva? Não são as *Teses sobre história* uma refutação do materialismo histórico como sistema teórico totalizante preestabelecido, dedutivo? Não é, finalmente, o próprio discurso de Benjamin, com o seu pendor para imagens poéticas e para privilegiar a constelação e o fragmento à sequência linear, a contraprova da necessidade imperiosa de subverter a ideologia infiltrada na linguagem?

De resto, é isso mesmo que faz de Benjamin – como afirma Adorno – "o mestre inigualável" do ensaio. Em "O ensaio como forma" explica porquê: "O ensaio traz à consciência a não-identidade"; "é radical no não-radicalismo, na recusa de toda a redução a um princípio, no acentuar do parcial face ao total, no fragmentário"; em vez de um "*continuum* de operações" ou uma "sequência linear", é um "entretecer de momentos como num tapete"; trata-se de "pensar em fragmentos porque a realidade também é fragmentária", é preciso "encontrar a sua unidade através das fraturas, e não polindo-a..."; "o ensaio ilumina a totalidade sem a afirmar..."; toma à letra a *Lógica* de Hegel: "nem opor diretamente a *verdade da totalidade* aos juízos singulares, nem reduzir a verdade ao juízo singular; mas sim assumir a exigência da singularidade à verdade até à evidência da sua falsidade"; "objeto do ensaio é o novo como novo, que não é traduzível no velho das formas já existentes"; "o ensaio coordena os elementos em vez de os subsumir; é mais dinâmico mas também mais estático do que o pensamento tradicional, ao justapor ideias" (GS XI: 17s., 20-22, 25, 28, 30ss.).

Onde divergem, sem deixarem de se complementar?

Aqui tomo como ponto de partida "a imagem no espelho, que reflete o seu contrário", uma metáfora feliz da autora para descrever a relação entre Adorno e Benjamin como uma relação, ela própria, dialética, na qual as contradições não são resolvidas pela aproximação a um ponto intermédio, mas antes pela *mediação* recíproca entre os dois extremos.

Divergem, como sugere Adorno, por exemplo, no assestar dos "holofotes" em sentidos opostos na questão do "declínio da aura" da obra de arte, como consequência da sua reprodutibilidade técnica. A edição crítica do ensaio de Benjamin, publicada em 2012, contendo as várias versões do mesmo, acompanhadas de esboços e outros materiais que lhe serviram de base, ajuda a compreender as linhas essenciais do debate apontadas na correspondência e postas em evidência pela autora.

A definição de aura como "aparição única duma lonjura, por mais próxima que pareça", corresponde, segundo Benjamin (2012: 216s.) à formulação do valor de culto da obra de arte em categorias de perceção espácio-temporal. Esse "invólucro ritual" ou "aura" teria migrado para a arte autónoma (a qual se afirma plenamente desde a época das Luzes, a época do *desencantamento do mundo*).

Inerente a este modelo de comunicação (a que podemos chamar assimétrico) era a *imersão* (*Versenkung*) do espectador ou recetor, que se tornara numa "escola de comportamento *associal*" (equivalente a "estar a sós com Deus"). Benjamin contrapõe-lhe um modelo alternativo, que exemplifica com o experimentalismo dadaísta e o filme, na sua fase inicial. Aqui, a "imersão" (*Versenkung*), cedia lugar à "diversão" ou "distração" (*Zerstreuung*) como uma transição ou uma via (*Übergang*) para o comportamento social. O seu efeito altamente diversivo ou distrativo resultava do facto de, infalivelmente,

POSFÁCIO

elas darem origem a fações. Neste sentido, o dadaísmo era pioneiro na afirmação do elemento que distingue da "comunidade artística em recolhimento" espectadores que se distraem. Por sua vez, no filme a distração e o recolhimento misturavam-se indiferenciadamente. Por um lado, o filme, tal como o dadaísmo, acentuava o elemento da diversão, por outro, derrogava o paralelo com o "parque de diversões" (*Lunapark*) através duma síntese de ambos os polos. Duas séries de processos entravam em mútua correlação: designadamente, o que acontece perante alguém e o que acontece com alguém (Benjamin, 2012: 19-21).

Esta formulação – a de uma mistura ou alternância entre "recolhimento" e "diversão" – aparenta-se com o conceito brechtiano de teatro épico, a que Benjamin dedicou dois ensaios (publicados em 1931 e 1939). Na verdade, tal como Brecht teorizava para o teatro, também o filme, na sua fase inicial, renunciava à aparência de uma segunda natureza, desconstruindo a ilusão e o efeito de realidade (obtido, designadamente pelo desaparecimento do ator na personagem), e contrapondo-lhe o efeito de estranhamento (*Verfremdungseffekt*), isto é, a exposição do artifício e o gesto de mostrar (o ator, enquanto tal, "narra" ou "mostra" a personagem, não se identifica com ela). Neste tipo de comunicação, em que a diversão ou distração prevalecia sobre o recolhimento ou o fragmentava, a obra de arte tornava-se um estímulo ou mesmo tão somente um pretexto para um *comportamento ativo* dos sujeitos, manifestado inclusivamente na rapidez das suas reações – e, poder-se-ia acrescentar, que também não excluía a divisão do público (como Brecht, de resto, reclamava para o seu teatro épico).

Com a perda ou a "atrofia" da aura, isto é, do "invólucro ritual" da arte (*desencantamento da arte*) por via da reprodutibilidade técnica, alterava-se substancialmente a relação entre os dois lados da arte que se entrelaçam originariamente na *mimesis*: o lado da "aparência" (*Schein*), e o lado da "representação" (*Spiel*), entendida como desempenho, *performance* ou jogo, binómio com o qual se articulava o binómio "valor de culto" "valor de exposição", já implícito no primeiro. A mimese comportava "a admirável capacidade de se expor performativamente ao Outro – quer seja humano, animal, vegetal ou inanimado para assimilar dinamicamente alguns dos seus traços e características". Abria-se um imenso "espaço performativo" (*Spiel-Raum*), dinâmico, estimulante da experimentação e de um comportamento social ativo, por oposição à "aparência" ("reservatório de todos os procedimentos mágicos"), que convidava à contemplação, ao recolhimento, a uma atitude passiva, "associal" (Benjamin, 2012: 120-121).

A posição central do filme na situação da arte atual – diz Benjamin – tinha a ver precisamente com esta mudança, que correspondia à *mudança na organização da perceção* correlacionada com as mudanças sociais, designadamente a crescente expansão e intensidade dos movimentos de massas, caracterizada por duas tendências, uma "tão apaixonada" como a outra: a) tornar as coisas próximas de si; b) superar a unicidade (caráter único e irrepetível) de cada facto ou evento "através da reprodutibilidade do mesmo" (segunda versão do ensaio, pp. 58-59), ou "através da receção da sua reprodução" (terceira e quinta versões, pp. 102, 215), ou ainda "acolhendo a sua reprodução múltipla" (quarta versão, p. 169).

A alteração das *condições da perceção* exigia uma resposta dialética, que tinha de levar em conta, por um lado, um desenvolvimento real da técnica e, por outro, uma virtual orientação para mudanças profundas na constituição da sociedade. À *estetização da política*, em que se traduzia o manifesto de Marinetti, ao fazer da guerra a culminação de *l'art pour l'art* e deixar intactas as relações sociais de propriedade e dominação, urgia contrapor a *politização da arte,* que as punha em causa ou subvertia (cf. Vieira de Carvalho, 2018, de onde extraí alguns passos, aqui parcialmente reformulados).

Adorno reconhece o declínio da aura diagnosticado por Benjamin na obra de arte, em consequência da sua reprodutibilidade técnica. Não subscreve, porém, as ilações que ele daí tira, como se infere mais imediatamente da correspondência entre ambos e do ensaio, nela mencionado, "Sobre o feiticismo na música e a regressão da escuta" (1938). Na argumentação de Adorno, a quem não podia escapar a convergência de Benjamin com Brecht, sobressaem, logo de início, neste ensaio, a colocação da arte autónoma na esfera do conhecimento e, a partir daí, a ênfase no lado não-emancipatório da reprodutibilidade técnica, massificada pelas indústrias culturais. "Emudecimento do ser humano", "falência da linguagem da expressão", "música transformada em mercadoria à custa do seu conteúdo de verdade", "perda de sentido", "poder do banal", "reificação da obra musical no disco", "consumo do êxito acumulado da vedeta", "valor de troca transformado no objeto do prazer" – eis alguns dos traços do feitiço da mercadoria na música e da regressão da escuta que Adorno imputa à reprodução técnica e que contrapõe à emergência da arte autónoma:

> Em arte, o que é mais do que arte só pode ser veiculado através da arte, através do cumprimento das suas exigências imanentes, e não na medida em que ela amaina a vela e se subsume em propósitos que lhe são exteriores. O seu supra-estético é mediado esteticamente. [...] Toda a música que, desde a era da Revolução Francesa participou, no conteúdo e na forma, na ideia de liberdade, pressupôs a emancipação de finalidades heterónomas (GS XIV: 71).

O que se afirmara com essa viragem histórica – a preponderância do indivíduo sobre a coação coletiva, a pessoa não-subjugada como portadora da expressão e da própria humanização da música, a arte como portadora de algo de espiritual, tudo isso que era afim da liberdade – regredia. E regredia, porque, tratando-se de "arte autêntica", a obra de arte musical era incompatível com uma audiência dispersa, requeria uma escuta concentrada e atenta "para ser captada no seu todo" pelo ouvinte – enfim, requeria uma atitude contemplativa que, há que reconhecer, se transfere da igreja para a sala de concertos, precisamente na época do "desencantamento do mundo".

É claro que a reprodutibilidade técnica não implicava necessariamente a *forma participativa* ou *ativa* de lidar com a obra de arte, nem excluía a reconstituição da aura de que se pode revestir – como o próprio Benjamin esclarece – qualquer coisa possuída ou percebida por alguém (p. ex. um disco).

THEODOR ADORNO & WALTER BENJAMIN: EM TORNO DE UMA AMIZADE ELETIVA

E também é claro que – como Adorno, por sua vez, mostra – a *forma recetiva* e *contemplativa* pressuposta na sala de concertos não implicava necessariamente uma escuta atenta e concentrada, capaz de captar a obra musical no seu todo, nem, portanto, excluía espectadores dispersos ou distraídos, ou alienados ao valor de troca do ingresso...

Em síntese, se articularmos o ensaio sobre a obra de arte na era da sua reprodutibilidade técnica com as *Teses sobre história*, poder-se-ia afirmar que Benjamin, ao deslocar o seu foco da *interpretação do mundo* para a *transformação do mundo*, se afasta de Adorno na exata medida em que se aproxima de Brecht. Com efeito, Brecht contrapunha, por volta de 1930, à *catarsis* aristotélica uma dramaturgia não-aristotélica que liquidasse os "restos de culto" a que as artes teatrais ainda estavam agarradas, para estas poderem "passar do estádio em que ajudavam a interpretar o mundo para o estádio em que ajudam a transformá-lo" (Brecht, 1964: XV, 246) – uma transposição para as artes e os artistas da última das *Teses de Feuerbach*, de Marx, a respeito dos filósofos, que Benjamin, a meu ver, podia inteiramente subscrever.

Não é por acaso que ambos partilham do mesmo entusiasmo pelo *Wozzeck*, de Alban Berg, a que assistiram juntos na Ópera de Berlim, no espetáculo de 22 de Dezembro de 1925, o segundo após a estreia, a 15 de Dezembro. É uma obra que parece condensar as questões mais cruciais com que ambos se debateram.

Os fragmentos (27 cenas) encontrados no espólio de Büchner, após a sua morte em 1837, já refletiam uma consciência crítica da sociedade da sua época, perante a frustração dos ideais revolucionários de liberdade, igualdade e fraternidade. Essa consciência crítica é enfatizada por Alban Berg, que deles aproveita 15, repartindo-os pelos três atos (5 por cada ato). Ao ler-se o texto de Büchner, na reconstrução de Berg, sobressaem imediatamente alguns dos motivos de que se ocuparão Adorno e Horkheimer na *Dialética do Esclarecimento*: dominação da natureza / dominação do ser humano, despersonalização / coação social, inversão dos meios e dos fins, ciência degradada a cientismo, alienação do eu, reificação, razão instrumental / razão que se nega a si própria... A transformação radical da dramaturgia ganha em pregnância: à emancipação burguesa sucede agora a dominação burguesa, tão impiedosa quanto a feudal, sobre os sem-poder que a nova ordem gera; ao privilégio do nascimento sucede o privilégio do dinheiro; criados astutos, tão "esclarecidos" ou mais que os senhores a quem servem, dão lugar a proletários que mal lêem, a não ser na Bíblia (como Wozzeck, barbeiro e soldado raso, e a sua companheira Marie, que diz ao filho pequeno: "não passas de um pobre filho da puta"). No entanto, é destes últimos que ressuma a verdade sobre as relações sociais. Todo o diálogo entre Wozzeck e o Capitão enquanto o barbeia é um exemplo disso: "tem um filho sem a bênção da igreja... não tem moral..." diz o capitão, e Wozzeck responde: "Quem nada tem, está a ver, meu capitão... quem não tem dinheiro... se eu fosse um senhor, e tivesse um chapéu, e um relógio e um monóculo e pudesse falar nobremente, bem gostaria eu de ser virtuoso! Deve haver alguma coisa de belo na virtude, meu capitão. Mas eu sou um pobre diabo! Os da nossa laia são infelizes neste e no outro mundo! Creio que se chegássemos ao céu tínhamos de ajudar às trovoadas!".

Se a reconstrução de Alban Berg dos fragmentos de Büchner vale só por si e poderia ser representada simplesmente como peça de teatro, tanto mais surpreendente é o seu resultado final como ópera, em que a música tem um papel estrutural determinante. Nas soluções encontradas pelo compositor (descritas por ele próprio numa palestra de 1929), Adorno vê o paradigma do seu conceito de obra de arte, a qual, tal como a "teoria social", não buscava a consistência num sistema preestabelecido, antes captava "as contradições como um todo, a situação antagonística como totalidade" (GS I: 479): "Berg realizou a suprema coerência da composição", mas deixou de lado "a coerência do estilo, confiando mais na força monadológica da obra eloquente, que absorve em si mesma o inconciliável e o compele à expressão, do que na pureza do idioma, em que a contradição indelével meramente se dissimula" (GS XVI: 95).

A propósito, é extraordinário que toda a quarta cena do primeiro ato – Wozzeck no consultório do Doutor –, onde o médico usa Wozzeck como cobaia das suas pesquisas, sacrificando-o ao desígnio de alcançar a fama com a comprovação da sua "teoria" (cientismo, inversão dos meios e dos fins) – seja baseada numa *Passacaglia* sobre uma série dodecafónica, a única que aparece na obra. Num contexto predominantemente atonal, mas pleno de materiais tonais – sobretudo de origem folclórica (canções e danças tradicionais) – porquê uma série dodecafónica? A estranheza decorre do facto de, à data da conclusão da obra, Schönberg ainda não ter formulado o seu novo sistema ("método de composição com 12 tons de alturas diferentes"), embora, já antes dele, Joseph Mathias Hauer tivesse começado a explorar essa possibilidade. De qualquer modo, o que há de mais extraordinário na cena é o facto de a implacável caricatura do cientista parecer implicar simultaneamente, no substrato musical, uma referência sarcástica ao dodecafonismo. Como se as exclamações do Doutor – "Oh, a minha teoria, a minha fama! Eu serei imortal! Imortal! Imortal! Imortal" – valessem também premonitoriamente para o próprio Schönberg, cujo "sistema" será mais tarde objeto da crítica de Adorno, por nele ver uma regressão relativamente à fase atonal, um regresso à coação de um sistema, depois da subversão do anterior e da conquista de um espaço de liberdade.

A montagem de materiais heterogéneos – formas musicais do barroco ao romantismo tardio – em tensão com as cenas a que são respetivamente aplicadas, ligadas por transições que, ora ecoam as antecedentes, ora prenunciam as subsequentes, ou assumem ambas as funções, é algo de novo tanto em relação à tradição predominante da alternância de recitativo e ária praticada até ao romantismo tardio como em relação à tradição introduzida por Wagner de um texto dramático concebido de raiz "no espírito da música" e depois "transcomposto" (*durchkomponiert*), isto é, acompanhando o poema dramático passo a passo. Esse processo de montagem, além do mais associado às distorções caricaturais ou à acerada ironia que a música empresta às personagens do Capitão e do Doutor, entre outras, gera inevitavelmente, aqui e além, um efeito de estranheza similar ao brechtiano. É o caso da cena da taverna (*Wirtshaus*) – 4.ª cena do segundo ato – que Adorno considerava central na obra, uma cena dir-se-ia

POSFÁCIO

saturada de "imagens dialéticas", onde se justapõem no espaço e no tempo situações várias de um microcosmos social em que também participam músicos enquanto personagens, com os seus próprios instrumentos e repertório de origem "folclórica".

A "imagem dialética", no sentido mais preciso que lhe dá Benjamin nas *Teses sobre história*, surge quando o *continuum* da história é estilhaçado por um fragmento do passado que "fulge" em constelação com "o agora" (*Jetztzeit*). Essa constelação ou imagem, que Benjamin define como "dialética em repouso" (*im Stillstand*), pressupõe que todo o passado pode revestir-se de um mais elevado grau de atualidade do que aquele que ele teve no momento da sua existência. Isso significa que, para a verdadeira compreensão do momento presente, o passado não é algo de concluso ou encerrado. Adorno, por seu lado, referindo-se às obras de arte em particular, entende-as também como um processo inconcluso, um permanente devir (*Werdendes*). *As próprias obras mudam no tempo*, pois que cada nova obra "muda" a anterior.

O "anjo da história", tanto num caso como no outro, é "empurrado, de costas para o futuro, pelo vento que sopra do paraíso". Só lhe é perceptível o passado – um passado de catástrofes, guerras, tentativas de libertação frustradas, ou, tratando-se das obras de arte de todos os tempos, de "promessas de felicidade quebradas", testemunhos de um ser humano fraturado, não-reconciliado consigo próprio e com a natureza. Por isso, "articular historicamente o passado" é resgatá-lo ao conformismo que dele se apodera. Não é fixá-lo como ele efetivamente foi, mas sim reabri-lo, para captar como ele poderia ter sido quando "fulge" em constelação com o agora. "Imagens dialéticas", assim entendidas, não são privilégio do labor da filosofia ou da historiografia, também são inerentes à arte enquanto atividade de conhecimento. *Wozzeck* é um exemplo que vale por todos: com a sua dupla dimensão músico-teatral, convida ou mesmo compele a um olhar e, simultaneamente, a uma escuta dialéticos.

Este breve excurso pela ópera de Alban Berg, justificado pelo relevo que lhe é dado na correspondência entre Adorno e Benjamin, remete para aspetos do "legado intelectual" de ambos que têm a sua contraparte "negativa" no capítulo "Um dialético legado intelectual", em que a autora, finalizando o seu ensaio, discute questões da mais candente atualidade, como são o *Kitsch* (sucedâneo distópico da arte) e o "empobrecimento da experiência", a relação entre "meios de produção cultural e modos de reprodução social", ou "popularidade e totalitarismo: duas faces da cultura massificada".

Em tese geral, conclui-se que o legado teórico de Adorno e Benjamin é inseparável da amizade entre ambos, uma amizade que, no plano intelectual, se traduziu na mediação recíproca dos respetivos ângulos de abordagem, ou, por outras palavras, numa complementaridade dialética que certamente muito contribui para o manter vivo e dinâmico, sem cessar renovado no seu potencial crítico.

Cascais, 10 de Janeiro de 2023

Referências

Adorno, Theodor W. (1998), *Gesammelte Schriften*, 20 vols., ed. Rolf Tiedemann, Darmstadt: Wissenschaftliche Buchgesellschaft.

Benjamin, Walter (2012), *Das Kunstwerk im Zeitalter seiner technischen Reproduzierbarkeit* [1936], edição crítica das obras e do espólio editado por Burkhardt Lindner. Vol. 16. Berlim: Suhrkamp.

Brecht, Bertolt (1964), Ges*ammelte Schriften*, *Werkausgabe*, Frankfurt: Suhrkamp, 20 vols.

Vieira de Carvalho, Mário (2018), "Práticas musicais e esfera pública digital: em busca de uma teoria crítica" (prefácio), in: *'Log in, live on': música e cibercultura na internet das coisas* (eds. Paula Gomes Ribeiro, Joana Freitas, Júlia Durand, André Malhado), Lisboa: CESEM, 2018: 7-28.

Vieira de Carvalho, Mário (2020), "Hope for Truth: Adorno's Concepts of Art and Social Theory in a Comparative Approach", in: *Constelaciones – Revista de Teoria Crítica*, n.º 11/ 2020: 100-116 (*Il faut continuer: Teoria Estética 1970-2020*).

REFERÊNCIAS

Obras citadas de Theodor Adorno

ADORNO, Theodor (1972). *Marx está superado?* In: *Opções de Esquerda*. Rio de Janeiro: Paz e Terra.

ADORNO, Theodor (1995a). *Palavras e sinais – modelos críticos 2*. Petrópolis: Vozes.

ADORNO, Theodor (1995b). *Sobre Walter Benjamin*. Madri: Ediciones Cátedra.

ADORNO, Theodor (1996). *Sobre o caráter fetichista na música e a regressão da audição*. In: *Textos escolhidos*. São Paulo: Nova Cultural.

ADORNO, Theodor (2004). *Escritos sociológicos I*. Madri: AKAL.

ADORNO, Theodor (2008a). *Crítica de la cultura y sociedad I*. Madri: AKAL.

ADORNO, Theodor (2008b). *Minima moralia: reflexões a partir da vida danificada*. Rio de Janeiro: Beco do Azougue.

ADORNO, Theodor (2009). *Current of music*. Cambridge: Polity Press.

ADORNO, Theodor (2010). *Miscelánea I*. Madri: AKAL.

ADORNO, Theodor (2011a). *Escritos musicales V*. Madri: AKAL.

ADORNO, Theodor (2011b). *Filosofia da nova música*. São Paulo: Perspectiva.

ADORNO, Theodor (2014). *Escritos musicales VI*. Madri: AKAL.

ADORNO, Theodor (2020a). *Aspetos do novo radicalismo de direita*. Lisboa: Edições 70.

ADORNO, Theodor (2020b). *Educação e emancipação*. Rio de Janeiro/São Paulo: Paz e Terra.

ADORNO, Theodor (2020c). *Lecciones sobre dialéctica negativa*. Buenos Aires: Eterna Cadencia.

ADORNO, Theodor & HORKHEIMER, Max (2007). *Dialéctica de la ilustración*. Madri: AKAL.

Obras citadas de Walter Benjamin

BENJAMIN, Walter (1970). *A capacidade mimética*. In: *Humanismo e comunicação de massa*. Rio de Janeiro: Tempo Brasileiro.

BENJAMIN, Walter (1985). *Magia e técnica, arte e política*. In: *Obras escolhidas, volume I*. São Paulo: Brasiliense.

BENJAMIN, Walter (1997). *Onirokitsch – Glosa sobre o surrealismo*. In: *Revista da USP*. São Paulo (33): XX-XX. Março-Maio.

BENJAMIN, Walter (2000). *Charles Baudelaire: um lírico no auge do capitalismo*. In: *Obras escolhidas, volume III*. São Paulo: Brasiliense.

BENJAMIN, Walter (2013). *O capitalismo como religião*. São Paulo: Boitempo.

BENJAMIN, Walter (2018). *Passagens*. Belo Horizonte: UFMG.

BENJAMIN, Walter (2019). *A obra de arte na era de sua reprodutibilidade técnica*. Porto Alegre: L&PM.

BENJAMIN, Walter (2020). *Sobre o conceito de história*. Edição Crítica. São Paulo: Alameda.

Correspondências selecionadas

ADORNO, Gretel & BENJAMIN, Walter (2011). *Correspondencia: 1930--1940*. Buenos Aires: Eterna Cadencia.

ADORNO, Theodor (2006). *Cartas a los Padres (1939-1951)*. Buenos Aires: Paidós.

ADORNO, Theodor & BERG, Alban (2005). *Correspondence 1925-1935*. Cambridge: Polity Press.

ADORNO, Theodor & KRACAUER, Siegfried (2009). *Correspondência entre Kracauer e Adorno 1923-1966*. São Paulo: Novos Estudos – SEBRAP 85.

ADORNO, Theodor & BENJAMIN, Walter (2012). *Correspondência 1928--1940 Adorno-Benjamin*. São Paulo: UNESP.

REFERÊNCIAS

ADORNO, Theodor & HORKHEIMER, Max (2016). *Correspondance: 1927-1969.* Paris: Klincksieck.

ADORNO, Theodor & SCHOLEM, Gershom (2016). *Correspondencia: 1939-1969.* Buenos Aires: Eterna Cadencia.

BENJAMIN, Walter (1994). *The correspondence of Walter Benjamin: 1910--1940.* Chicago: The University of Chicago Press.

BENJAMIN, Walter & SCHOLEM, Gershom (1993). Correspondência 1933-1940. São Paulo: Perspectiva.

GILLESPIE, Susan & HILL, Samantha Rose (2019). *On Walter Benjamin's legacy: a correspondence between Hannah Arendt and Theodor Adorno.* In: *Los Angeles Review of Books* (LARB).

SCHOENBERG, Arnold (1965). *Letters.* New York: St. Martin's Press.

Obras gerais: citadas e relacionadas

BENO, Flávio (1978). *Sobre a teoria estética de T. W. Adorno.* In: *Revista Ciências Humanas,* n° 5. Rio de Janeiro: Editorial Gama Filho.

BOULEZ, Pierre (1985). *L'informulé. Special Adorno.* In: *Revue d'esthetique,* n° 8. Toulouse: Privat.

BRECHT, Bertold (2005). *Diário de trabalho.* Volumes I-III. Rio de Janeiro: Rocco.

BUCK-MORSS, Susan (2011). *Origen de la dialéctica negativa: Theodor W. Adorno, Walter Benjamin y el Instituto de Frankfurt.* Buenos Aires: Eterna Cadencia.

CLAUSSEN, Detlev (2008). *Theodor W. Adorno: One last genius.* Cambridge – Ma & Londres: The Belknap Press of Havard University Press.

DE MORAES, Lucyane (2017). *Cronologia e tempo musical na obra filosófica de Theodor Adorno.* In: *Anotações contemporâneas em Teoria Crítica.* Porto Alegre: Ed. Fi.

DE MORAES, Lucyane (2020). *Arte como práxis da consciência: notas sobre o pensamento estético de Theodor Adorno.* In: *A atualidade da teoria estética de Theodor Adorno.* Belo Horizonte: Impressão de Minas.

DUARTE, Rodrigo (1997). *Adornos: nove ensaios sobre o filósofo frankfurtiano.* Belo Horizonte: Ed. UFMG.

EBERT, Sophia (2018). *Walter Benjamin und Wilhelm Speyer: Freundschaft und Zusammenarbeit.* Bielefeld: Aisthesis Verlag.

EBERT, Sophia; KÜPPER, Thomas (2016). *Wilhelm Speyer in Kooperation mit Walter Benjamin: Drei Gesellschaftskomödien.* Berlim: Vorwek 8.

FITTKO, Lisa (2022). *Mi camino através de los Pirineos.* Barcelona: ContraEscritura.

GAY, Peter (1978). *A cultura de Weimar.* Rio de Janeiro: Paz e Terra.

HEGEL, Georg Wilhelm Friedrich (2005). *Enciclopedia de las ciencias filosóficas en compendio.* Madri: Alianza Editorial.

HEYE, Uwe-Karsten (2020). *Los Benjamin: una familia alemana.* Madri: Editorial Trotta.

HORKHEIMER, Max (2011). *Teoria crítica, uma documentação.* São Paulo: Perspectiva.

KOGON, Eugen (2005). *O estado de la SS: el sistema de los campos de concentración alemanes.* Barcelona: Alba Editorial.

KOHNEN, Mansueto (1949). *História da literatura germânica.* Volumes 1 e 2. Curitiba: Impressora Paranaense.

KONDER, Leandro (1988). *Walter Benjamin: o marxismo da melancolia.* Rio de Janeiro: Editora Campus.

KRACAUER, Siegfried (2009). *O ornamento da massa: ensaios.* São Paulo: Cosac Naify.

MARABINI, Jean (1989). *Berlim no tempo de Hitler.* São Paulo: Companhia das Letras.

MATTEUCCI, Giovanni (2014). *L'utopia dell'estetico in Adorno.* In: *Pensare il presente, riaprire il futuro.* Milão: Mimesis Edizioni.

MISSAC, Pierre (1998). *Passagem de Walter Benjamin.* São Paulo: Iluminuras.

MÜLLER, Reinhard; WIZISLA, Erdmut (2005). *Kritik der freien Intelligenz. Walter- Benjamin-Funde im Moskauer "Sonderarchiv".* In: *Mittelweg 36,* n° 14, pp. 61-77.

PABST, Reinhard (2003). *Theodor W. Adorno Kindheit in Amorbach: Bilder und Erinnerungen.* Leipizg: Insel Verlag.

PADDISON, Max (1997). *Adorno's aesthetics of music.* Cambridge: University Press.

PUCCI, Bruno (2021). *Ensaios estético-filosóficos: teoria crítica e educação.* Volumes 1 e 2. São Carlos: Pedro & João Editores.

SCHOLEM, Gershom (1989). *Walter Benjamin: a história de uma amizade.* São Paulo: Perspectiva.

REFERÊNCIAS

SCHÖTTKER, Detlev (2012). *Comentários sobre Benjamin e A obra de arte.* In: *Benjamin e a obra de arte: técnica, imagem, percepção.* Rio de Janeiro: Contraponto.

TIEDEMANN, Rolf (2015). *Studien zur Philosophie Walter Benjamin.* Berlim: Suhrkamp.

VIEIRA DE CARVALHO, Mário (2005). *A partitura como "espírito sedimentado": em torno da teoria da interpretação musical de Adorno.* In: *Theoria Aesthetica: em comemoração ao centenário de Theodor W. Adorno.* Porto Alegre: Escritos.

VIEIRA DE CARVALHO, Mário (2020). *Hope for Truth: Adorno's concepts of art and social theory in a comparative approach.* In: *Constelaciones. Revista de Teoría Crítica,* n° 11-12. Madri.

WIGGERSHAUS, Rolf (2002). *A Escola de Frankfurt: história, desenvolvimento teórico, significação política.* Rio de Janeiro: DIFEL.

WELLMER, Albrecht (2004). *Sobre la dialética de modernidad e posmodernidad – la críctica de la razón después de Adorno.* Madri: Machado Libros.

ZAMORA, José Antonio (2008). *Th. W. Adorno: pensar contra la barbárie.* Madri: Trotta.

ZSONDI, Peter (2009). *Esperança no passado: sobre Walter Benjamin.* In: *Artefilosofia,* n° 6. Ouro Preto: UFOP.